글마당&아이디얼북스
Gulmadang & ideal Books

김동호의
문화노트

지은이 | 김동호
만든이 | 최수경
만든날 | 2024년 10월 10일
펴낸날 | 2024년 10월 25일
만든곳 | 글마당 앤 아이디얼북스
　　　　　(출판등록 제2008-000048호)
　　　　　경기도 파주시 문발로 240-21 2F
전　화 | 02)786-4284
팩　스 | 02)6280-9003
이　멜 | madang52@naver.com

I S B N | 979-11-93096-07-9(03300)

책값 20,000원

돌이켜본 공직 30년과 영화 인생 36년, 끊임없이 새로운 일에 '도전'

'창조'와 '도전'은 내 인생의 역정(歷程)이었고 지향(指向)이었다. 모방해서 재창출하는 '창조적 모방' 또한 그랬다.

1970년에 성안한 제1차 문화예술중흥 5개년계획은 창조의 사례고 미국의 국립예술재단(NEA)을 모방해서 1972년에 창설한 문화예술진흥원(지금의 문화예술위원회)은 창조적 모방의 산물이다.

공보부에서 문화공보부로 이어진 60년대와 70년대 20년간 나는 직급이나 직책에 관계없이 각종 '기획업무'와 '원고 쓰고 인쇄'하는 일을 전담했다.

모든 대외연설문과 각종 국정홍보 책자의 원고는 물론 장, 차관의 기고문까지도 대신 써 주는 '고스트 라이터'(ghost writer)의 역할을 했다. '보안여관'과 '안부여관'이 내 집이었고 태평로에 있었던 대한

공론사와 만리동의 광명인쇄소가 내 직장이었다. 이 고행(苦行)의 20년이 나에게는 오히려 창조적 역량을 키워준 '금쪽같은' 시간이었다.

돌이켜보면 공직 30년과 영화 인생 36년은 끊임없이 새로운 일에 '도전'했던 기간이기도 했다. 정신없이 뛰어다니고 미친 듯이 일했던 60여 년이었다.

90을 바라보는 지금도 나는 새로운 일에 도전하고 있다.

지난해(2023) 2월, 나는 촬영용 카메라(캠코더)를 샀다. 다큐멘터리영화를 찍는다고 다르덴 형제, 뤽 베송 등 거장 감독들을 만나 인터뷰하고 위기에 직면한 국·내외 '작은 영화관'을 찾아다니며 카메라에 담고 있다. 이 또한 '미친 짓'이 아닌가 싶다.

이 책은 모든 일에, 매사에 미쳤던 사람의 기록이다.

나는 고등학교 때부터 중요한 자료를 노트에 메모했고 일상의 기록을 작은 수첩에 기록했다. 그 노트와 수첩을 뒤져 이 글을 썼다.

지난해 중앙선데이에 '남기고 싶은 이야기'를 연재해 준 한경환 부국장, 정재홍 에디터, 채인택 기자께 감사드린다.

특히 이 글을 책으로 펴 내 주신 글마당 앤 아이디얼북스의 최수경 대표와 여러 편집팀에게도 깊이 감사드린다.

CONTENTS

SCENE 1

> 임권택 감독은 1962년에 개봉한 첫 영화 〈두만강아 잘 있거라〉를 시작으로 2015년 베니스영화제에서 특별 상영된 〈화장〉까지 모두 102편의 영화를 연출했다. 세계에서 가장 많은 장편영화를 만든 감독 중의 하나로 기록 된다. 제작편수보다 더욱 중요한 것은 그 영화들이 한국영화를 세계로 진출시키는 데 있어서 결정적인 역할을 했다는 점이다.

회고전 1

몬트리올영화제와
임권택

| 'K시네마 르네상스' 첨병 역할

2025년이면 임권택 감독은 데뷔 63주년을 맞는다.

임권택 감독은 1962년에 개봉한 첫 영화 〈두만강아 잘 있거라〉를 시작으로 2015년 베니스영화제에서 특별 상영된 〈화장〉까지 모두 102편의 영화를 연출했다.

세계에서 가장 많은 장편영화를 만든 감독 중의 하나로 기록된다. 제작 편수보다 더욱 중요한 것은 그 영화들은 한국영화를 세계로 진출시키는 데 있어서 결정적인 역할을 했다는 점이다.

한국영화는 칸, 베를린에서의 수상이 이어지고 있고 꿈도 꾸지 못했던 아카데미영화상도 수상할 정도로 전 세계의 각광을 받고 있다. 이처럼 우리 영화가 전 세계를 강타하고 있는 그 바탕에는 임권택 감독의 공헌이 절대적이다.

| 세계 3대 영화제 – 베니스 · 칸 · 베를린영화제

　베니스영화제는 세계 3대 영화제 중 가장 오래된 영화제다. 한국 영화가 베니스영화제에서 최초로 수상한 영화가 바로 임권택 감독의 〈씨받이〉(1987)이며, 이 영화로 고 강수연이 여우주연상을 받았다.

　이를 시작으로 장선우 감독의 〈거짓말〉(1999), 고 김기덕 감독의 〈섬〉(2000)과 〈수취인 불명〉(2001)이 연이어 경쟁부문에 진출했었고, 그리고 2002년에는 이창동 감독의 〈오아시스〉가 감독상과 신인연기 자상(문소리)을, 2004년에는 김기덕 감독이 〈빈집〉으로 감독상을 받았다.

　칸영화제는 가장 권위 있는 영화제다. 경쟁영화가 상영되는 칸의 르미에르극장에서 전 세계에서 몰려든 인파와 쉴새 없이 터지는 카메라 플래시를 받으면서 레드카펫을 밟고 들어가는 것은 전 세계영화인의 로망이다. 그 로망을 실현시켜 준 첫 영화가 임 감독의 〈춘향 뎐〉이다.

　2000년 칸의 역사 53년 만에 우리 영화가 처음으로 경쟁부문에 진출한 것. 그리고 2년 후, 〈취화선〉으로 임권택 감독이 감독상을 받았다. 우리 영화 100년사에 기록될 쾌거였다.

　그 이후 칸에서의 수상은 계속 이어졌다. 2004년 박찬욱 감독의 〈올드보이〉가 2등상인 심사위원대상을, 2007년 배우 전도연이 〈밀양〉(이창동)으로 여우주연상을, 2009년 〈박쥐〉(박찬욱)가 심사위원 특별상을. 그리고 2010년 이창동 감독이 〈시〉로 각본상을 받았고 2019년, 드디어 봉준호 감독의 〈기생충〉이 대상인 황금종려상을 받았다. 2022년에도 배우 송강호가 〈브로커〉로 남우주연상을, 박찬욱 감독의 〈헤어질 결심〉이 감독상을 받았다.

▶ 임권택 감독의 〈취화선〉이 칸에서 감독상을 받았다. 왼쪽부터 정일성, 이태원, 김동호, 임권택.(2002년 5월)

베를린영화제와의 관계는 특별하다. 1956년 이병일 감독의 〈시집 가는 날〉이 처음 베를린영화제에서 상영되었고, 1961년 강대진 감독의 〈마부〉와 1962년 신상옥 감독의 〈이 생명 다하도록〉으로 아역 배우 전영선이 각각 특별상인 '은곰상'을 수상했다.

그 후 20여 년간 한국영화는 베를린영화제에 초청받지 못했다. 1981년 임권택 감독의 〈만다라〉가 경쟁부문에 초청되면서 베를린영 화제에서 수상할 기회를 얻게 되었지만 수상에 이르지는 못했다.

〈땡볕〉(하명중, 1985), 〈길소뜸〉(임권택, 1986), 〈태백산맥〉(임권 택, 1995), 〈아름다운 청년 전태일〉(박광수, 1996), 〈공동경비구역 JSA〉(박찬욱, 2000) 등이 뒤를 이어 경쟁 부문에 진출했고, 2004년 김기덕 감독의 〈사마리아〉가 드디어 감독상을 받았다.

그다음 해인 2005년 임권택 감독이 베를린에서 '명예 황금곰상'을 받았다.

'황금곰상'과 '명예 황금곰상'은 그 격과 차원이 다르다.

영화제에서 대상은 작품성이 뛰어난 한 편의 영화로 받게 되지만 명예대상은 평생을 쌓아 온 공로로 받는 상이기 때문에 '대상'에 견줄 수 없을 만큼 영예로운 상이다.

베를린영화제에서 수상한 임 감독의 '명예 황금곰상'을 계기로 2012년 베니스영화제에서 〈피에타〉(김기덕)가 '황금 사자상'을, 2019년 칸영화제에서 〈기생충〉(봉준호)이 '황금 종려상'을 수상함으로서 한국영화의 위상은 전 세계에 떨치게 된다. 이처럼 임권택 감독은 한국영화를 전 세계에 알린 첨병이며 개척자다.

| 몬트리올영화제 동반 참석 뒤 가깝게 지내

지금은 임권택 감독과 '절친'으로 지내지만, 그와 가까워질 수 있었던 계기는 몬트리올영화제다. 1988년 4월, 나는 28년간 봉직했던 문화공보부를 떠나 영화진흥공사로 자리를 옮겼다.

임권택 감독의 영화 〈아다다〉가 몬트리올영화제 경쟁부문에 선정되었다는 전문이 날아왔다. 당시 몬트리올영화제는 세계 8대 영화제 중 하나로 인정받고 있었다. 확인해 보니 세르즈 로지크 집행위원장이 방한, 영화진흥공사 시사실에서 〈아다다〉를 보고 간 후 경쟁부문에 올렸다고 했다. 잘만 하면 수상도 가능하다고 판단했다. 나는 대표단을 구성, 현지에서 '한국의 밤' 행사를 개최하기로 했다.

임권택 감독을 설득했고, KBS 측에 양해를 구해 드라마 〈지리산〉을 찍고 있는 주연배우 신혜수가 몬트리올에 꼭 오도록 부탁해 놓고, 8월 26일 먼저 몬트리올로 날아갔다.

▶ 임권택 감독의 영화 〈아다다〉가 경쟁부문에 오른 1988년 몬트리올영화제에 참가한 김동호 당시 영화진흥공사 사장(가운데)과 임 감독(오른쪽), 여배우 신혜수(왼쪽). 〈아다다〉에 주인공으로 출연한 신혜수는 이 영화제에서 여우주연상을 수상했다.

박수길 주캐나다 대사에게 부탁해서 '한국의 밤' 행사에 부부 동반해서 참석한 후 다음 날 아침 집행위원장과 조찬을 함께 해줄 것을 부탁했다.

문화공보부에는 천호선 주캐나다 공보관을 현지에 파견해 줄 것도 요청했다. 임 감독과 신혜수가 도착하자 대학 동기인 나원찬 주몬트리올 총영사는 공관에서 환영 만찬을 베풀어 주었고 영사 한 명과 차량을 전용으로 배치해 주었다.

심사위원과 함께 보는 공식시사회 장소인 메종뇌브 극장은 1,400석의 대극장이었다. 아침 시간에는 관객이 별로 없을 것 같았다. 나는 몬트리올에 있는 한인성당의 신부와 한인교회 목사에게 일일이

▶ 베를린영화제에서 명예황금곰상을 수상한 임권택 감독. (2005년)

전화를 해서 교민들이 함께 영화를 보도록 공지해 달라고 부탁했다.

9월 1일 아침 11시에 열린 공식 시사회에는 초만원을 이루었고 영화가 끝난 후 관객들의 기립박수를 받았다.

그날 저녁 국악 공연과 함께 열린 '한국의 밤' 행사도 성공리에 개최되었고 9월 4일, 시상식에서 배우 신혜수가 '여우주연상'을 수상했다.

다음은 내가 2010년 펴낸 『영화, 영화인 그리고 영화제』 책에 당시를 회고한 임 감독의 '축사'의 한 대목이다.

"김동호 사장이 진흥공사 직원들에게 감독과 주연배우를 꼭 데려와야 한다고 단단히 일러 놓고 떠났다는 소리를 전해 들으면서 나는 속으로 웃었다. 역대 영화진흥공사 사장 중에 해외영화제에 참가했던 사람이 아무도 없었던 데다가 그들이 영화제에 온들 할 일이 뭐가 있겠는가 하는 생각 때문이었다. 아마 영화제를 핑계 삼아 관광이나 하자는 속셈이겠지 하는 불쾌한 생각도 들기도 했다.

〈아다다〉 시사회 날이 가까워지면서 김동호 사장은 바빠졌다. 그때만 해도 세계영화계에서의 존재감이 전혀 없었던 시기였으므로 그는 시사회 때 객석이 텅 빌까봐 조바심이었다.

그래서 그는 객석을 채우기 위해 아는 관리들을 동원하고, 교포사회, 교회 등의 사람들과 연계를 끌어내느라 아주 열심히 노력했다. 그의 그런 모습을 보다 보니 저 사람이 여기 와서 뭐 하는지 두고 보자는 내 생각이 완전히 뒤집히고 말았다. 감독인 나조차도 객석을 채우고 영화를 알릴 생각도 못했고, 아마 자기가 제작한 작품을 가지고 온 제작자가 있었다 하더라도 그렇게까지 열을 내며 뛸 수는 없었을 것이다."

임권택 감독이 영화진흥공사나 관리들에게 좋은 인식을 갖고 있지 못했던 데에는 그럴만한 이유가 있었다는 사실은 뒤늦게 알았다.

그 전 해인 1987년 베니스영화제에 〈씨받이〉가 경쟁부문에 선정되었을 때 아무도 관심을 두고 있지 않았다.

영화진흥공사에서는 전문위원 한 사람이 임 감독을 모시고 베니스로 갔었고, 대사 부부가 잠시 들렸다 다른 곳으로 갔다고 한다. 주연 배우인 강수연조차도 자기가 출연한 영화가 베니스 경쟁부문에 오른 것도 모르고 있었고, 임 감독도 영화제 도중에 일본에 약속이 있다고 일본으로 갔다고 한다. 그러다가 시상식에서 여우주연상이 호명되었을 때, 남아 있던 전문위원이 무대에 올라가서 대리 수상했다. 3대 영화제 경쟁부문에 올랐는데 너무했지 않았나 싶었다. 이런 과정을 통해 나는 임권택 감독과 가까워졌다.

〈달빛 길어 올리기〉에서 단역을 맡기도

그 이후 나는 임 감독이 연출하는 〈장군의 아들〉, 〈서편제〉, 〈창〉, 〈축제〉, 〈춘향뎐〉, 〈하류인생〉, 〈취하선〉, 〈천년학〉, 〈화장〉 등 거의 모든 영화 촬영 현장에 원근을 가리지 않고 가 보았고 〈달빛 길어 올리기〉에서는 단역으로 출연도 했다.

특히 임 감독이 초대받은 해외영화제나 수상식, 회고전에는 빠짐 없이 동행했다. 몬트리올에서 처음 개최한 '한국의 밤' 행사는 그 이후 칸, 베를린, 베니스 등 메이저 영화제에 한국영화가 경쟁부분에 진출했을 때 영화진흥공사와 그 후신인 영화진흥위원회에서 반드시 개최하는 정규 행사로 이어져 오고 있다.

나는 지난 35년간 임권택 감독과 함께 하면서 그의 엄격한 성품과 철저한 장인정신에 늘 감탄하곤 한다. 함께 술을 많이 마셔도 그가 주정하거나 필요 없는 말을 하는 것을 본 일이 없다. 스태프에게는 물론 자기 자신에 대해서도 그만큼 엄격하다. 〈서편제〉, 〈취화선〉, 〈달빛 길어 올리기〉에서 보듯이 임 감독은 영화를 통해서 한국의 전통과 미를 끊임없이 추구해 왔다. 이러한 모습이 그가 세계적인 거장 감독으로 평가받는 이유다.

회고전 2

모스크바영화제와
고 강수연

| 월드스타 강수연과의 첫 만남

배우 강수연이 우리 곁을 떠난 지 2주년을 맞는다.

지난 2022년 5월 4일 밤 9시경 강수연의 여동생이 "언니가 의식을 잃고 병원에 실려 갔는데 언니를 살려 달라"며 울면서 전화했다. 나는 택시를 불러 타고 강남성모병원 응급실로 달려갔다. 박중훈이 먼저 와 있었고 뇌출혈로 실려 온 강수연은 이미 뇌사상태로 잠자듯이 누워있었다.

이어 박중훈은 자녀 졸업식에 참석차 미국으로 가기 위해 자리를 떴고 동생 강수경, 두 오빠와 함께 응급실을 지켰다. 7일 오후 3시 끝내 숨을 거두었고, 나는 '영화인장(葬)'의 장례위원장을 맡아 오일장으로 그녀를 떠나보냈다. 자주 만났던 압구정동 '옥혜경 만두집'에서 함께 점심을 하고 인근 커피점에서 담소한 후 헤어진 것이 20일도 안되었는데 너무 황당했고 참담했다.

내가 배우 강수연과 친해진 것은 1989년 모스크바영화제에 함께 가면서부터다. 나는 88서울올림픽을 앞두고 영화진흥공사에 부임했다. 올림픽 기간에 대한극장에서 '10편을 무료 상영'한다는 계획을 세워 놓고 있었다.

올림픽이 개최되는 기간, 우리 국민이나 외국인이 경기장을 찾거나 TV 중계를 시청하지 극장에서 영화를 볼 것 같지 않았다.

나는 '올림픽'이라는 절호의 기회를 이용해서 수입이 금지된 공산권 국가들의 영화, 그것도 메이저 영화제에서 수상한 영화들을 초청해서 상영하기로 했다.

9월 15일부터 21일까지 7일간 세종문화회관 소극장과 테헤란로 현대백화점 토아트홀(9.15~10.2)에서 열린 '우수외국 영화시사회'에는 소련 유고슬라비아 헝가리 등 18개국 24편의 영화가 초청, 상영되었다.

오늘과 같은 자막 시스템이 없었던 당시, 소련을 비롯한 동구권 영화들은 대부분 외국어대학 교수들이 교대로 극장 뒤에 앉아 변사처럼 마이크로 동시통역해 주기도 했다.

시사회 준비를 시켜 놓고 몬트리올영화제에 가 있을 때, 시사회에 초청된 소련영화 중 〈차이콥스키의 일생〉이 훼손이 심해 틀 수 없다면서 미얀마에 근무하는 소련영화수출입공사 동남아지사장을 한국으로 초청해야만 새 필름을 직접 가지고 한국에 올 수 있다는 전화가 왔다. 나는 즉시 그를 초청했다.

1988년 9월 28일 소련영화수출입공사 동남아지사장 차레그라드스키가 소련영화인으로는 최초로 한국에 왔다. 인사동의 한정식집

▶ 모스크바영화제에 참가한 김동호 영화진흥공사 사장, 배우 강수연, 임권택 감독, 이태원 태흥영화사 사장(오른쪽부터). 임 감독의 〈아제 아제 바라아제〉가 경쟁부문에 초청받았다.(1989년 7월)

'연진'과 압구정동의 카페 '고전'으로 데려가 밤새도록 술을 마셨다. 술도 잘 마셨고 춤과 노래도 잘하는 '한량'이었다.

술에 취한 그는 다음 해 7월에 열리는 모스크바영화제에 우리를 초청하겠다고 약속했다. 자신 있게 약속할 정도면 KGB 요원이 아니었을까 싶다. 1989년 1월과 6월 그는 두 차례 더 한국에 왔고, 그와 나는 친해졌다.

이런 과정을 거쳐 임권택 감독의 〈아제 아제 바라아제〉가 모스크바영화제 경쟁부문에, 장길수 감독의 〈아메리카 아메리카〉와 변장호 감독의 〈밀월〉이 비경쟁 부문에 초청되었다. 나는 즉시 대표단을 구성했다.

이태원 태흥영화사 사장, 임권택 감독, 배우 강수연, 문화공보부

강창석 사무관, 김양삼 경향신문 차장, 이형기 한국일보 차장, 정상길 KBS PD, 김승연 KBS 촬영기자 등 9명으로 구성했고, 장명순 스크린 기자는 일본에서, 윤호미 조선일보 특파원은 현지에서 대표단에 합류했다. 입국비자는 일본에서 받아야 했다. 대표단은 7월 6일 김포공항을 출발, 일본 도쿄에 도착했다.

장관으로 모셨던 이원경 대사를 예방했고, 함께 근무했던 윤탁 공사 겸 문화원장을 만났다. 김병연 공사, 김석우 참사관의 도움으로 소련 대사관에서 비자를 받았다. 경기고 후배인 김석우는 그 후 통일부 차관을 지냈고 지금도 함께 테니스를 하고 있다.

7월 9일 도쿄를 떠난 우리 일행은 모스크바에 도착하자마자 7시 30분 센트럴 페스티벌 홀에서 열린 〈아제 아제 바라아제〉의 공식시사회에 참석했다.

2,400석의 넓은 극장이 거의 만석이었고 임권택 감독과 강수연의 무대인사에 이어 영화가 상영되었다. 영화에 대한 관객의 반응이 좋았다. 이어서 '한국의 밤' 행사가 열렸다.

나는 한국을 떠나기에 앞서 김매자 씨가 이끄는 창무무용단이 상트페테르부르크에서의 공연을 마치고 모스크바에 도착한다는 사실을 알게 되었다.

김매자 씨에게 단원들로 하여금 모두 한복을 입고 '한국의 밤' 행사에 참석해 달라고 부탁했었다. 밤 11시 30분에 열린 '한국의 밤' 행사는 성대했고 화려했다.

소련 측에서는 리아빈스키 영화부 차관을 비롯하여 호자이예프 영화제 집행위원장 등 많은 인사들이 참석했고 한복을 입은 교민들과

> 강수연은 다른 사람과 이야기를 하다가도 카메
> 라만 들이대면 곧바로 '배우'가 되는 타고난 재능
> 이 있다. 부산국제영화제를 이끌 정도의 리더십이
> 있는 건 물론 무엇보다 명석하고 창의력이 뛰어나
> 이따금 강수연에게 어려운 일을 상의해 왔었다.

40여 명의 창무무용단 단원들이 분위기를 북돋웠다. 소프라노 루드밀
라 남의 선창으로 아리랑이 합창 되면서 분위기는 최고조에 달했다.

　체재하는 기간 우리는 모스크바와 상트페테르부르크에서 바쁜 일
정을 보냈다.

　7월 18일 오후 3시 기자회견이 열렸다. 단상에는 안제이 바이다
(폴란드) 심사위원장을 비롯해 에밀 쿠스트리차(유고슬라비아), 장이
모우(중국), 아네스 바르다(프랑스) 등 거장 감독들이 심사위원으로
배석했다.

　역시 4대 영화제다운 위상이었다. 〈아제 아제 바라아제〉의 배우
강수연이 여우주연상을 수상한다고 발표했다.

　오후 6시 페스티벌 홀에서 열린 시상식에서 배우 강수연이 여우주
연상을 받았다.

　2년 전 베니스영화제에 이어 당시 세계 4대 영화제로 인정받고 있
는 모스크바영화제에서 또다시 여우주연상을 수상하면서 강수연은
세계적인 배우로 급부상하게 되었다.

　기자회견과 시상식, 크렘린궁에서 개최된 리셉션에서 강수연은 집

중적인 카메라 세례와 기자들의 질문 공세를 받았고, 다음 날 소련 신문의 1면을 장식했다.

한국에서도 크게 보도되었다.

| 임권택 감독 등 훈장 받도록 건의

우리는 새벽에 크렘린궁에서 돌아와 공사 직원 방에서 새벽까지 자축파티를 열었다. 올림픽이나 국내외 체육경기에서 수상하면 훈장을 수여하면서 국제영화제에서 수상하면 왜 안 주는지 하는 생각이 들었다.

그 자리에서 나는 임 감독과 강수연에게 훈장을 받도록 청와대에 건의하겠다고 약속했고 귀국한 다음 오랜 기간 정부에서 함께 일한 이연택 청와대 교육문화수석을 찾아가서 건의해서 이를 제도화 시켰다.

귀국 후 대표단이 청와대에 예방한 날, 〈씨받이〉(1987), 〈아다다〉(1988), 〈추락하는 것은 날개가 있다〉(1989) 까지 소급해서 감독, 배우, 제작자들이 훈·포장을 받았다.

최근 아카데미에서 수상한 봉준호 감독과 배우 윤여정이 훈장을 받았듯이 정부는 이때부터 체육대회뿐 아니라 영화제 등 주요 국제 문화예술 분야에서 수상한 사람들도 규정에 따라 훈장과 포장을 수여하기 시작했다.

모스크바영화제에 참가했던 대표단은 7월 19일 모스크바를 출발, 소련연방공화국 중 고려인들이 많이 거주하는 우즈베키스탄의 타슈켄트와 카자흐스탄의 알마티를 순방하면서 〈아제 아제 바라아제〉를 상영했다.

우즈베키스탄과 카자흐스탄과는 최초로 영화를 통한 공식 '문화교류의 물고'를 튼 것이다.

나는 고려인들이 당연히 한국어를 하는 것으로 알고 갔지만 한국어가 통하지 않는다는 사실을 알고는 당황했다.

모스크바 극장에서는 영어 자막에 독일어와 러시아어의 동시통역 시스템을 갖추고 있어서 불편이 없었지만, 타슈켄트와 알마티에는 그런 시스템이 없어서 우리를 수행하던 통역으로 하여금 스크린 앞에서 마이크 들고 동시통역을 하도록 해서 위기를 넘기기도 했다.

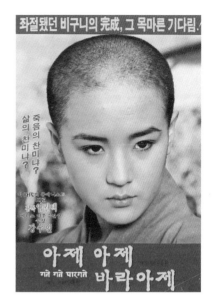

▶ 〈아제 아제 바라아제〉 영화 포스터.(ⓒ 태흥영화사)

대표단은 7월 23일 모스크바와 도쿄를 경유, 귀국했고 김포공항에서 뜨거운 환영을 받았다.

나는 모스크바영화제 참가를 계기로 임권택 감독과는 더욱 친해질 수 있었고 무엇보다 '월드 스타' 강수연을 만나 함께 여행할 수 있었다는 것은 큰 행운이었다.

이후 강수연은 부산국제영화제 첫해부터 퇴임할 때까지 15년간, 개막식과 폐막식의 단골 사회자로, 때로는 심사위원으로, 마치 '페스티벌 레이디'처럼 중요한 역할을 맡았었다.

부산국제영화제를 떠난 후 2013년, 나는 단편영화 〈주리〉를 만들면서 배우 안성기와 강수연을 주연으로 캐스팅했다. 〈주리〉는 제10

▶ 제23회 부산국제영화제 개막식장에 입장하고 있는 저자와 강수연.(2017년)

▶ 배우 강수연의 어릴때 사진.(© 강수경)

회 아시아나국제단편영화제 개막 영화로 상영되었고, 베를린영화제에 초청받았다.

2015년 영화 〈다이빙 벨〉 상영을 둘러싸고 부산시와 부산국제영화제가 충돌, 갈등을 겪으면서 이용관 집행위원장의 요청으로 강수연은 공동집행위원장으로 부임했고, 다음 해 2월, 이용관의 연임이 좌절되면서 단독으로 '집행위원장'을 맡아 부산국제영화제를 이끌었다.

2016년 5월 나는 부산시장의 후임으로 조직위원장을 맡아 강수연 집행위원장과 함께 파행을 겪던 부산국제영화제를 '정상화' 시킨 후, 2017년 10월 제22회 부산국제영화제 폐막식과 동시에 강수연과 나는 영화제를 떠났다.

| 강수연, 연상호 감독 〈정이〉 주연에 출연

강수연과 나는 칸, 베니스, 도쿄, 마라케시, 마카오 등 국제영화제에 함께 참가했었고 파리에서 개최된 임권택 감독 회고전(2015)과 프랑스영화인 고(故) 피엘 리시앙의 장례식(2019)에도 함께 참석했었다.

2019년 나는 강릉국제영화제를 창설했고, 2년 이상 대외활동을 하지 않고 있었던 강수연은 2021년 10월 제3회 강릉국제영화제 개막식에서 배우 정우성, 조인성과 함께 오랜만에 레드카펫을 밟았다. 그리고 그 직후에 연상호 감독의 〈정이〉에 주연으로 맡게 되면서 너무 좋아했었다.

강수연은 다른 사람과 이야기를 하다가도 카메라만 들이대면 곧바로 '배우'가 되는 타고난 재능이 있다. 부산국제영화제를 이끌 정도의 리더십이 있는 건 물론 무엇보다 명석하고 창의력이 뛰어나 이따

▶ 모스크바영화제 여우주연상을 받은 강수연의 귀국환영회가 7월 23일 김포공항에서 성대하게 열렸다. (사진 오른쪽부터 김동호 영진공 사장, 강수연, 임권택 감독, 이태원 사장)

금 강수연에게 어려운 일을 상의해 왔었다. 그랬던 그녀가 2022년 5월, 완성된 영화를 보지 못한 채 홀연히 우리 곁을 떠났고, 영화 〈정이〉는 그녀의 유작이 되고 말았다.

회고전 3

로테르담영화제와 홍상수

▌베를린영화제에서 3년 연속 수상 쾌거

2024년 2월 24일 폐막한 제74회 베를린영화제에서 홍상수 감독
이 영화 〈여행자의 필요〉로 2022년 〈소설가의 영화〉에 이어 또다시
심사위원 대상을 수상했다.

심사위원 대상은 최고상인 '황금곰상' 다음으로 큰 상이다. '황금
곰상'을 제외한 감독상 등 부문상은 모두 '은곰상'으로 부른다.

홍상수 감독은 베를린영화제에서 그 전해인 2021년에는 〈인트로
덕션〉으로 각본상을, 코로나가 확산되기 직전인 2020년 2월엔 〈도
망친 여자〉로 감독상을 각각 받아 3년 연속 수상하는 쾌거를 이룩했
었다.

홍 감독의 장편 데뷔작인 〈돼지가 우물에 빠진 날〉은 1996년 9월
제1회 부산국제영화제에서 처음 상영된 뒤 다음 해 1월, 제26회 로
테르담영화제 경쟁부문에 초청되었다. 당시 부산에서 홍 감독의 영
화는 보았지만, 홍상수 감독을 만난 기억은 없어 로테르담에서 그를

▶ 베니스영화제에 참석한 홍상수 감독, 김동호 부산국제영화제 명예집행위원장, 배우 문소리(왼쪽부터).
(2014년)

처음 만난 셈이다.

| 국제영화제 심사해본 적도 없는데, 위원장을 맡게 되어 당황

제1회 부산국제영화제가 끝나고 얼마 지나지 않은 11월 18일, 사이먼 필드 로테르담영화제 집행위원장으로부터 심사위원장을 맡아달라는 전문을 받았다.

국내 영화제에서도 영화심사를 해 본 일이 없는데 큰 국제영화제에서 심사위원도 아닌 심사위원장이라니 나는 당황할 수밖에 없었다. 우선 교보문고에서 회의 진행에 관한 영문 책을 구해 용어부터 메모했다.

그리고 암스테르담을 거쳐 로테르담으로 갔더니 심사위원은 나를

▶ 김동호 부산국제영화제 집행위원장(왼쪽 두번 째)은 로테르담영화제 심사위원장을 맡았다. 사진 왼쪽부터 당시 심사위원으로 활동한 튀니지 여성감독 모피다 틀라틀리, 김 위원장, 미국 평론가 파비아노 카노사, 벨기에 출신 프랑스 여성감독 샹탈 아케르만, 네덜란드 여배우 아리안 슈루터.(1997년)

포함해 미국의 평론가 파비아노 카노사, 네덜란드 여배우 아리안 슈루터, 튀니지 여성 감독 모피다 틀라틀리, 벨기에 출신 프랑스 여성 감독 샹탈 아케르만(애커만) 등 다섯이었다. 아케르만은 베니스영화제(1986년)와 베를린영화제(1991년)에서 이미 심사위원을 지낸 세계적인 여성 감독이었다. 내가 위원장을 맡게 된 것은 사이먼 필드와의 특별한 친분 때문이었다.

내가 사이먼 필드를 처음 만난 것은 1994년 6월 14일이다. 당시 그는 영국의 현대미술원(ICA) 영화책임자였다. '한국영화 주간' 행사를 기획하고 영화 선정, 특히 개막 영화로 내정한 〈만다라〉(임권택)의 새 필름을 구하고자 그의 친구인 영화평론가 토니 레인즈와 함께 서울을 방문했다.

당시 나는 문화부 차관에서 물러나 공연윤리위원회 위원장을 맡고 있었다. 토니 레인즈 와는 영화진흥공사 시절부터 종종 만나 온 지인이다.

나는 그가 묵고 있는 퍼시픽호텔에 토니 레인즈, 사이먼 필드, 박기용 감독을 초대, 아침 식사를 대접했다. 다음날 귀국한다기에 그날 저녁 한남동에 있던 카페 '가을'에서 9시에 다시 만났다. 낮에 〈만다라〉 제작사인 화천공사 박종찬 사장에게 부탁해서 새 필름을 빌려주기로 확답을 받았다.

그날 밤 나와 사이먼은 각각 양주 한 병식, 토니는 진 한 병을 마시며 환담했다. 두주불사의 사이먼과 의기상통 했다.

1995년 사이먼은 영국의 ICA를 그만두고 로테르담영화제의 집행위원장으로 옮겼고 나는 부산국제영화제 집행위원장을 맡았다. 부산국제영화제를 준비하던 다음 해 5월, 칸영화제에서 사이먼을 만났다.

귀국한 후 첫 영화제에 초청했지만 사이먼은 영화제 준비로 오지 못했고 그 대신 나를 심사위원장으로 초대하게 된 것이다.

다섯 명의 심사위원들은 만장일치로 홍상수 감독위 〈돼지가 우물에 빠진 날〉에 '타이거 상'을 주기로 결정했다.

'타이거 상'은 경쟁에 오른 영화 중 세 편을 뽑아 상금 1만 5천 유로와 함께 수여하는 상이다. 당시 경쟁에 올라왔던 14편의 영화 중에는 훗날 세계적인 거장 감독이 된 가와세 나오미(일본), 왕샤오슈

▶ 로테르담영화제에서 김동호 위원장, 홍상수 감독.(1997년 1월)

▶ 로테르담국제영화제에서 김동호 집행위원장, 로테르담국제영화제 산드라 덴 하머 부위원장,
  사이먼 필드 위원장.(1997년 1월)

아이(중국), 엘리아 술레이만(팔레스타인)의 첫 번째 또는 두 번째 영화들이 포함되어 있었지만, 수상의 영예는 홍상수의 첫 영화와 다른 두 명의 감독에게 돌아갔다. 홍상수와의 만남은 출발부터가 좋았다.

홍상수 감독은 〈돼지가 우물에 빠진 날〉(1996)부터 〈소설가의 영화〉(2022)까지 모두 27편의 장편영화를 만들었다.

이 중 한, 두 편을 제외한 모든 영화가 메이저 영화제에 초청받았거나 수상했다. 그만큼 한국영화를 세계에 알리는 데 큰 역할을 하고 있다.

임권택 감독이 3대 영화제의 문을 열고, 수상의 길을 텄다면 홍상수 감독은 그 길 위에서 가장 많은 영화를 선보이면서 수상한 감독이다.

아르헨티나 마르델플라타에서 감독상을 받은 〈해변의 여인〉(2006), 낭트 제3 대륙영화제에서 최우수작품상을 받은 〈자유의 언덕〉(2014), 로카르노영화제에서 황금표범상을 수상한 〈지금은 맞고 그때는 틀리다〉(2015), 그리고 베니스에서 상영된 〈밤과 낮〉(경쟁, 2008), 〈옥희의 영화〉(오리종티, 2010)를 제외한다면 그가 만든 모든 영화가 칸과 베를린에서 상영되었다. 그만큼 칸과 베를린이 좋아하는, 어쩌면 편애하는 감독이 바로 홍상수다.

그의 두 번째 영화 〈강원도의 힘〉(1998)과 세 번째로 만든 〈오 수정〉(2000)은 칸의 '주목할 만한 부문'에 초청되었고 이어서 〈여자는 남자의 미래다〉(2001)와 〈극장전〉(2005)은 경쟁부문에서 상영되었다.

그리고 2010년 〈하하하〉가 다시 칸의 '주목할 만한 부문'에 선정되었다. 공교롭게도 이때 나는 심사위원으로 참여했다. 영화제 책임자는 심사위원으로 위촉하지 않는다는 '칸의 불문율'이 있다.

그럼에도 불구하고 나에게 심사를 맡긴 것은 15년간 지속해 온 칸과의 특별한 관계 때문이다. 또 부산국제영화제 집행위원장으로서는 그 해가 마지막 해라는 점이 배려되었던 것 같다.

당시 심사위원은 나를 포함해서 위원장인 프랑스 여성 감독 클레어 드니, 세르쥬 투비아나 프랑스 시네마테크 관장, 스위스 프로듀서 패트릭 펄, 스웨덴 언론인 헬레나 린드브라드 등 다섯 명이었고 모두 19편의 영화를 심사했다.

이 중에는 장 뤽 고다르(프랑스), 마노엘 드 올리베이라(포르투갈), 아바스 키아로스타미(이란), 자비에 돌란(캐나다), 지아장커(중국) 등 거장 감독들의 영화가 포함되어 있었다.

클레어 드니는 2002년 심사위원으로 부산국제영화제에서 왔었다. 같은 심사위원이었던 홍상수 감독은 심사 끝난 후 클레어 드니와 함께 자갈치시장에서 거의 매일 밤새워 술을 마셨기에 홍 감독과는 절친한 사이다. 물론 나하고도.

2년 후 클레어 드니는 〈개입자(Intruder)〉란 영화를 만들면서 영화의 일부분을 부산에서 촬영했고 나는 그녀의 요청으로 그 영화에 출연도 했다.

이 영화는 베니스영화제 경쟁부문에서 상영되었고 나는 단역배우로도 알려졌다.

여하튼 심도 있는 장시간의 심사과정을 거쳐 마지막에 포르투갈의 마노엘 드 올리베이라 감독의 〈안젤리카의 이상한 사건〉과 홍상수 감독의 〈하하하〉가 최종 심사에 올랐다. 안젤리카는 간명하면서

▶ 칸영화제에서 경쟁부문에 선정된 〈극장전〉 상영을 마치고 튀미에르 극장을 나오는 대표단. 왼쪽부터 배우 이기우, 엄지원, 홍상수 감독, 배우 김상경.(2005년 5월)

도 메시지가 강한 영화였고 100세가 넘는 나이에 이처럼 좋은 영화를 만들 수 있다는 데에 감탄할 정도로 잘 만든 영화였다. 올리베이라 감독은 당시 102세(1908년생), 홍상수는 50세(1960년생)였다.

| 〈밤의 해변〉 김민희, 베를린 여우주연상을 수상

칸, 베를린, 베니스영화제에는 상금이 없다, 트로피만 준다. 칸에는 황금종려상 이외에는 트로피도 없고 종이 상장만 준다. 그러나 '주목할 만한 부문'의 대상에는 프랑스에 배급하는 조건으로 배급업자에게 3만 유로를 준다.

그래서 우열을 가릴 수 없는 같은 수준의 영화라면 노장 감독에게 대상을 주는 것보다는 역량 있는 젊은 감독에게 주자는 논리에 공감, 결국 홍상수 감독이 대상을 받게 되었다.

5월 22일 열린 시상식 무대에는 홍상수 감독과 배우 예지원과 유준상이 올라가 수상했다. 예지원이 시상식에 참석한 것은 기적에 가까웠다.

시상식이 있는 날 오후 그녀는 귀국하기 위해 칸을 출발, 니스공항에 도착, 탑승수속을 마친 후 에어 프랑스에 타고 막 출발하려고 할 때 수상 소식을 들었다. 이륙하고 있는 항공기 안에서 그녀는 "수상하러 가야 한다"라고 소동을 벌였다. 물론 프랑스어로. 승무원이 불가능하다고 말렸지만, 카탈로그에 게재된 자기 사진까지 보여주면서 예지원은 물러서지 않았다. 결국 비행기는 다시 돌아왔고 예지원은 칸에 돌아와서 가까스로 무대에 오를 수 있었다. 칸이 있는 니스공항이었기에 회항이 가능했었던 것 같았다.

그 후에도 칸에서는 〈북촌방향〉(2011)이 같은 부문에, 〈다른 나라에서〉(2011)와 〈그 후〉(2017)가 경쟁부문에 진출했고 〈클레어의 카메라〉(2017)가 특별상영부문에서, 2021년에는 〈당신 얼굴 앞에서〉가 신설된 부문인 '프리미어 섹션'에서 각각 상영되었다.

베를린영화제는 뒤늦게 홍상수 감독의 영화에 주목하기 시작한 셈이다. 2012년 〈누구의 딸도 아닌 해원〉이 경쟁부문에서 소개된 후, 2016년 〈밤의 해변에서 혼자〉로 배우 김민희가 여우주연상을 수상했다.

김민희의 수상으로 베니스의 강수연, 칸의 전도연에 이어 3대 영화제에서 모두 여우주연상을 수상하는 기록을 남겼다. 그리고 3년 연달아 베를린에서 수상하는 쾌거를 이룩했다.

나는 칸영화제는 1996년 이후, 베를린은 1998년 이후 매년 참가했기 때문에 홍상수 감독은 해외에서 자주 만날 수 있었다.

더러는 양주 한 병을 사 들고 숙소에 찾아가 술잔을 나누기도 했고, 밖에서 회식도 자주 하면서 친숙해졌다

이제 내년이나 내후년에는 홍상수 감독의 '황금종려상'이나 '황금곰상' 수상의 낭보가 전해 오지 않을까 고대해 본다.

회고전 4

수교국과 영화교류
(김지미, 윤일봉, 정윤희)

| 노태우 대통령의 헝가리 방문과 겹쳐

1989년 모스크바영화제에 참가하고 있을 때다.

7월 16일 11시, 헝가리의 영화진흥위원회 격인 '헝가로필름'의 서보 이슈트반(Istvan Szabo) 사장을 만나 헝가리와 영화교류에 관해 합의했다.

11월 초에 헝가리의 수도 부다페스트와 지방 도시 한 곳에서 '한국영화 주간'을 갖고, 다음 해 1월 중 한국에서 '헝가리영화주간'을 개최한다는 것이 중요 골자였다.

이에 따라 1989년 11월 22일부터 28일까지 부다페스트에서 한국영화 주간이 개최되었다.

〈티켓〉(임권택), 〈감자〉(변장호), 〈내시〉(이두용), 〈성공시대〉(장선우), 〈아다다〉(임권택) 등 다섯 편이 선정되었다.

나는 〈티켓〉의 제작자이며 주연배우인 김지미, 영화배우협회 윤일봉 회장, 문화공보부의 장영호 과장, 동아일보 남달성 기자와 건축가 김원으로 대표단을 구성하고 부다페스트로 갔다.

김원 건축가가 동행한 것은 당시 종합촬영소의 건립을 추진하고 있었기 때문에 헝가리의 영화스튜디오를 시찰한 후 귀로에 영국의 문화시설들을 돌아보기 위해서였다.

| '한국영화주간'은 노 대통령 국빈 방문으로 상승효과 높아

김지미는 1967년 김기영 감독의 〈황혼열차〉에 캐스팅된 이후 장르를 가리지 않고 무려 700여 편의 영화에 출연한 당대 최고의 여배우이다. '지미 필름'을 설립하고 〈티켓〉(임권택), 〈명자 아끼꼬 쏘냐〉(이장호) 등의 영화도 제작했다. 영화인협회 이사장을 두 번이나 역임하면서 스크린쿼터 사수 운동을 주도했다. 나는 문화공보부 재직 시절에도 여러 차례 만났지만, 헝가리를 함께 여행하면서 더 가까워질 수 있었다. 그 이후 김지미는 영화계에서 은퇴하고 미국에서 딸과 함께 거주하고 있다.

2010년 부산국제영화제에서 '김지미 회고전'을 준비하면서 나는 2009년 8월 30일과 2010년 3월 5일 두 차례, 미국 로스앤젤레스에 살고 있는 김지미를 만났다.

나보다 3년 연상(1934년생)인 윤일봉은 1955년 〈구원의 애정〉(민경식)으로 데뷔한 이후 〈오발탄〉(유현목), 〈맨발의 청춘〉(김기덕), 〈별들의 고향〉(이장호) 등 100여 편의 영화에 출연한 원로배우다.

현지에 가서야 알았지만, 내가 준비했던 '한국영화 주간'은 노태우 대통령의 헝가리 방문일정(11.23~11.28)과 겹쳐 마치 대통령 국빈 방문의 부대행사처럼 되었다. 한국에서 온 대통령 수행원들과 부다

▶ 김지미 지미필름 대표(왼쪽)와 김동호 영화진흥공사 사장이 헝가리 부다페스트에서 열린 한국영화주간에 대표
단으로 참가해 기자회견을 하고 있다.(1989년 11월)

페스트에서 합류하면서 매우 북적거렸지만 서로 상승효과도 거둘 수
있었던 것 같았다.

   11월 22일 개막영화 〈티켓〉이 상영된 브로드웨이 극장은 장사진
을 이루었고 아스토리아 호텔에서 열린 리셉션에는 '헝가리 영화, 방
송인 연합회' 회장인 미클로슈 얀초 감독과 서보 이슈트반 헝가로 필
름 사장이 참석했다. 상영되는 영화마다 초만원을 이루면서, 헝가리
TV와 신문에 연일 크게 보도되었다. 대통령의 헝가리 방문기사보다
지면을 더 차지했다.

   1990년에 접어들면서 나는 모스크바와 우즈베키스탄(타슈켄트),
카자흐스탄(알마티)에서의 '한국영화 주간' 행사를 추진했다. 때마침

소련 주재 한국영사처가 모스크바에 개설되었다.

1989년에는 〈아제 아제 바라아제〉 한 편만 갖고 순회상영을 했지만, 한국영화 주간에는 〈씨받이〉(임권택), 〈땡볕〉(임권택), 〈연산일기〉(신상옥), 〈달마가 동쪽으로 간 까닭은〉(배용균), 〈추락하는 것은 날개가 있다〉(장길수), 〈우리는 지금 제네바로 간다〉(송영수), 〈뻐꾸기도 밤에 우는가〉(정진우) 등 여덟 편이 상영되었다.

개막영화인 〈뻐꾸기도 밤에 우는가〉의 정진우 감독, 배우 정윤희, 영화업협동조합의 강대선 이사장, 문화공보부 김용문 국제교류국장과 해외공보관의 박영길 부장 그리고 지종학(KBS), 남달성(동아), 라윤도(서울), 이창세(조선) 기자가 함께 갔다. 대표단은 8월 18일 김포공항을 출발, 모스크바에 도착했다.

| 최고 영화배우 정윤희를 처음 몰라봐 결례를

1989년에 이은 두 번째 소련방문이다. 정진우 감독은 고 강신성일과 함께 나와 동갑이다.

1963년 〈외아들〉로 데뷔한 이후 〈초우〉(1966), 〈석화촌〉(1972), 〈자녀목〉(1984) 등 50여 편의 영화를 연출했고, 110여 편의 영화를 제작한 원로 영화인이다. 제19회 부산국제영화제(2014)에서 정진우 회고전을 열었다.

정윤희는 1975년 영화 〈욕망〉으로 데뷔했지만 1977년 4월부터 10월까지 TBC에서 방영된 드라마 〈청실홍실〉에 장미희와 함께 출연함으로써 시청자를 사로잡은 배우다.

윤정희, 문희, 남정임이 1세대 트로이카라면 정윤희 유지인, 장미희는 2세대 트로이카로 불린다.

내가 정윤희를 처음 만난 것은 1979년 이경태 감독을 통해서이다. 이경태 감독은 강남 신사동 언덕에 있던 서울시 공무원아파트에서 함께 거주했던 오랜 친구다.

1970년대 후반부터 이경태 감독과 나는 한남동에 있는 카페 '가을'에서 이 감독의 서울고 7년 후배인 이장호 감독, 최인호 작가와 자주 어울렸다. 이경태 감독이 1979년 〈도시의 사냥꾼〉을 찍을 때 압구정동 구 현대아파트 근처의 식당에 주연배우인 정윤희를 초대해 저녁을 함께했다. 나는 그때나 지금이나 TV드라마를 거의 보지 않는다. 그래서 정윤희가 누군지 몰랐다. 3시간 가까이 저녁을 하면서도 겉도는 대화만 나누다 헤어졌다. 아마도 내가 당연히 알고 있으리라고 믿고 소개하지 않았던 것 같았다.

미모와 연기로 인기를 독점하고 있는 최고의 여배우를 모르다니, 이런 결례가 없었다. 뒤늦게 이를 눈치챈 이경태 감독이 몇 차례 정윤희와 함께 점심 식사 자리를 마련해 줌으로써 내 체면을 살려 주었다.

▶ 헝가리에서 개최된 '한국의밤' 행사에 참석한
배우 김지미, 저자, 배우 윤일봉.(1989년 11월)

▶ 헝가리 한국영화주간 리셉션에 참석한 배우협회 윤일봉 회장과 김지미 대표, 김동호 사장(오른쪽부터)

▶ 모스크바에서 열린 한국영화주간에 참가한 정진우 감독 , 배우 정윤희, 김동호 사장.(1990년)

❝

*나는 이처럼 한국영화를 알리는 일
이라면 물불을 가리지 않고 뛰어다녔
다. 그곳이 어디든 가리지 않고…*

❞

이경태 감독은 그 후 〈불새〉, 〈사랑이 깊어질 때〉, 〈별들의 고향 3〉 등을 연출한 후 미국으로 이주, 현재 로스앤젤레스에서 살고 있다.

정윤희는 중앙건설의 조규영 회장과 결혼하면서 영화계에서 은퇴했다. 모스크바에 갈 때 나는 경기고 후배인 조규영 회장의 허락을 받았다.

8월 20일 저녁 모스크바의 번화가인 노브로시스극장에서 가진 〈뻐꾸기도 밤에 우는가〉의 시사회는 1,000석의 입장권이 상영 3시간 전에 매진됨으로서 한국영화에 대한 뜨거운 열기를 입증해 주었다.

이어서 러시아호텔에서 열린 리셉션에는 공로명(孔魯明) 대사, 미하일 박 교민회장, 루드밀라 남을 비롯한 교민 300여 명과 구면인 리아빈스키 영화부 차관, 유리 호자이예프 소련국제영화제 집행위원장이 참석했다.

'한국영화 주간' 행사는 소련에서 한국영화의 바람을 일으키며 8월 20일에서 27일까지 모스크바에서 개최되었고, 타슈켄트(8.31~9.5)와 알마티(9.10~9.16)를 순회했다.

▎나에게 한국말로 "형님"으로 부르던 알마티 문화부 장관

알마티에 도착했을 때다. 타슈켄트와 마찬가지로 나는 문화부 장관 예방을 신청했다. 그런데 대표단장만 오라는 전갈이 왔다. 나 혼자 문화부로 가서 집무실에 들어가자 장관이 "형님" 하면서 나를 끌어안는다. 지난해에 만났던 차관이 장관으로 승진해 있었다. 일 년 전, 모스크바영화제 때 사우다 바예프 당시 차관이 나를 찾아와서 카자흐스탄과의 영화교류는 물론 문화교류에 관해 합의하자고 제의했었고, 알마티를 방문했을 때는 밤새도록 보드카를 마시면서 나를 한국말로 "형님"으로 불렀었다.

바로 그가 반갑게 맞이했다. 2015년 9월 유라시아영화제 심사위원으로 알마티를 다시 찾았을 때 수소문해 보니 그는 외교부 장관과 주미대사를 역임하고 은퇴한 후 수도인 누르술탄에 거주하고 있었다. 만나지는 못하고 통화만 하고 귀국했었다.

대표단은 8월 22일 알마티, 8월 23일 타슈켄트에서 각각 리셉션과 개막행사를 가진 이후 8월 24일 모스크바를 거쳐 귀국했다.

나는 일행과 작별하고 인도에서 개최된 국제회의와 〈수탉〉(신승수)이 경쟁에 올라간 몬트리올영화제, 그리고 미국 플로리다의 영화 촬영시설을 돌아보고 9월 9일 귀국했다.

1989년 12월 루마니아의 차우세스쿠 정권이 무너지고, 새 정부가 들어서면서 1990년 3월, 한국정부와 수교를 맺었다. 나는 이 기회를 놓칠 수 없었다. 루마니아 영화공사와 접촉, '한국영화 주간' 행사를 하기로 했다.

〈씨받이〉를 개막영화로 정하고 임권택 감독과 서울신문의 김이경기자와 함께 11월 9일 김포공항을 출발, 모스크바, 취리히를 거쳐서 루마니아의 수도 부쿠레슈티에 도착했다.

11월 12일 시네마테크에서 개최된 '한국영화 주간' 개막식과 이어서 열린 리셉션에는 이현홍(李鉉弘) 한국대사와 루마니아 외교부 차관, 아시아 담당국장과 '루마니아 필름의 마리아 알랙산드루 사장, 등 많은 인사들이 참석해서 성황을 이루었고, 임 감독은 인터뷰와 사인 공세에 시달렸다.

이현홍 대사는 국교수교 후 처음 열린 문화행사라면서 대사관저에 대표단을 초청 만찬을 베풀었고, 관광도시인 브라소프(Brasov)의 한국주간 행사를 적극적으로 지원했다.

나는 이처럼 한국영화를 알리는 일이라면 물불을 가리지 않고 뛰어다녔다. 그곳이 어디든 가리지 않고…

회고전 5

칸영화제와 이창동

| K시네마에 '오아시스 역할

나는 이창동 감독을 1997년 제2회 부산국제영화제(10.10.~
10.18)에서 처음 만났다. 그의 첫 번째 영화 〈초록물고기〉가 경쟁부
문인 '뉴커런츠'(새로운 물결) 부문에 선정되었다. '뉴커런츠' 는 한
국을 포함한 아시아 신인 감독의 첫 번째 또는 두 번째 영화 중에서
최우수작품을 선정해서 시상하는 부문이다. 아시아의 신인 감독들이
세계에 진출하는 창구역할을 한다.

그해 10월 15일 오후 9시, 〈초록물고기〉가 경쟁에 오른 것을 자축
하는 파티가 미포 '할매횟집'에서 열리고 있었다. 때마침 일본의 배
우 겸 감독인 기타노 다케시가 부산에 왔다. 기타노는 일본의 대표적
인 배우면서 감독이다.

1997년 9월 그가 연출하고 주연한 〈하나비〉로 베니스영화제에서
황금사자상을 받은 후 바로 부산국제영화제에 참석한 것이다.

남포동 야외무대에서 '핸드 프린팅'을 마친 후 그와 나는 중앙동

▶ 칸영화제에서 배우 전도연은 이창동 감독의 영화 〈밀양〉으로 여우주연상을 받았다. 왼쪽부터 당시 칸영화제에
참석한 배우 전도연, 이창동 감독, 김동호 부산국제영화제 집행위원장, 배우 송강호.(2007년)

▶ 칸영화제에서 이창동 감독의 〈시〉가 각본상을 받았다. 윤정희, 김동호, 이창동.(2010년 5월)

한정식집에서 일본 총영사가 마련한 환영 만찬에 함께 참석했다. 꽤 많은 소주를 마셨다. 둘 다 취했다. 나는 기타노 감독을 데리고 '초록물고기 파티'가 열리고 있는 미포로 갔다. 야외무대에서 그를 소개한 후 이창동 감독, 제작자인 명계남, 배우 문성근 그리고 그 자리에 참석한 많은 영화인과 새벽까지 술 마시며 담소했다.

내가 이창동 감독을 처음 만난 자리였던것 같다.

훗날, 기타노 감독은 "김 위원장을 처음 만나 일 년 마실 술을 하룻밤에 다 마셨다"라고 술회했다. 그리고 귀국해서 TV 방송에서 도쿄영화제와 견주면서 부산국제영화제를 극찬했다. 그 후 2010년 그가 연출한 〈아웃 레이지〉 영화와 함께 부산을 다시 찾았다. 그때까지만 해도 그는 부산국제영화제를 너무 좋아했었다. 그러나 최근에는 '혐한'(嫌韓) 내지는 '반한'(反韓) 인사가 된 것 같아 안타깝다.

〈초록물고기〉는 밴쿠버영화제에서 용호상을 받았다. 1999년 8월 17일 오후, 개막 영화를 선정하기 위해 이용관 프로그래머와 함께 〈박하사탕〉 촬영 현장을 방문했다. 그 후 이창동 감독의 두 번째 영화 〈박하사탕〉은 제4회 부산국제영화제의 개막작으로 선정되었다. 반응이 폭발적이었다. 부산에 온 해외영화제 집행위원장이나 프로그래머들의 '러브 콜'이 쇄도했다.

먼저 도쿄영화제 경쟁 부문에 초청받았지만, 도쿄에 가면 다른 메이저 영화제에서 초청받지 못하기 때문에 제작사 측은 거절했다. 이어서 베를린영화제에서 초청받았지만, 경쟁 부문이 아니어서 확답을 주지 않고 있다가 칸영화제 감독주간의 초청을 받고서는 칸으로 갔다.

이창동 감독은 시나리오를 완성하는 데에
꽤 많은 시간이 소요된다. 칸에 갈 일곱 번째
의 영화가 언제 완성될 것인지 기다려진다.

칸, 베를린, 베니스영화제는 '세계 최초로 상영되는 영화'(월드 프리미어라고 부른다)만을 선정, 상영하고 다른 영화제에서 상영된 영화는 거들떠보지도 않는다. 그래서 3대 영화제에서 수상을 원하는 감독이나 제작자는 다른 영화제에서 초청해도 응하지 않는다. 같은 맥락에서 서로 경쟁 관계에 있는 영화제 간에는 좋은 영화를 먼저 초청하기 위한 물밑싸움이 치열하다.

| 〈오아시스〉 문소리, 베니스 신인연기자상 수상

〈박하사탕〉은 칸에서 상영한 후 7월에 열린 카를로비바리영화제에서 심사위원특별상을 받았다. 체코의 카를로비바리영화제는 동유럽을 대표하는 유서 깊은 영화제다. 그 이후 〈박하사탕〉은 여러 영화제에서 초청받았다.

〈박하사탕〉으로 이창동 감독은 국제영화계에서 주목받는 감독이 되었다. 나는 칸과 카를로비바리에 이창동 감독과 동행했다.

2002년 세 번째 영화 〈오아시스〉는 베니스영화제에서 감독상과 신인연기자상(문소리)을 받았다. 모릿츠 데 하델른이 새로 베니스영화제의 집행위원장을 맡고 있었다.

〈오아시스〉는 9월 6일 오후 5시 기자시사회, 8월 7일 오전 11시 기자회견에 이어 오후 6시 45분에 공식상영이 있었다. 감독, 배우,

제작자가 레드카펫을 밟고 입장할 때 마중하던 모릿츠 데 하델른이 나에게 상영이 끝난 후 사무실에서 만나자고 한다. 나는 영화가 상영하자마자 바로 사무실로 찾아갔다. 아무에게도 말하지 말라면서 〈오아시스〉가 감독상, 신인연기자상, 국제비평가연맹상과 기독언론인상(SIGNIS) 등 4개 상을 수상하게 된다고 말해 주었다.

공식상영이 끝난 후 밤 10시 〈오아시스〉는 젊은 비평가그룹이 주는 상을 받았고 이어서 대표단들이 모여 늦은 회식을 했다. 이창동 감독에게 수상 소식을 전했다. 다음 날인 9월 8일 저녁 7시에 개최된 시상식에서 〈오아시스〉는 감독상을 포함해 4개 부문을 수상했다.

신인연기자상을 받은 문소리는 1999년 〈박하사탕〉으로 데뷔했고, 〈오아시스〉로 베니스에서 신인연기자상을 받은 것이다.

▶ 베니스영화제에 참석한 문소리, 이창동. 〈오아시스〉로 이창동 감독이 감독상, 문소리가 신인연기상을 수상.(2002년 9월)

2006년 문소리는 〈지구를 지켜라〉로 데뷔한 장준환 감독과 결혼했다. 나는 결혼식의 주례를 맡았다.

12월 24일 성탄 전야를 몇 시간 앞둔 12시에 남양주 종합촬영소에서 대성리로 가는 강변에 있는 '서호갤러리'에서 양가 가족 50여 명만 참석한 가운데 간소하게 예식을 올렸다. 이창동 감독조차 부르지 않은 결혼식이라는 사실을 알고 나는 미리 두 사람과 가까운 배우, 감독들에게 한 줄 축하 메시지를 받았다. '지구를 지키기 전에 소리를 지켜라'와 같은 재미있는 메시지가 많았다. 내가 간단한 덕담에 이어 축하 메시지를 읽자 신랑, 신부는 물론 참석한 가족, 하객의 폭소가 터졌다. 그리고 그 자리에서 그 메시지를 담은 앨범을 선물했다.

| 이 감독, 노무현 정부에서 문화부 장관으로

2012년 나는 단국대학교에 '영화콘텐츠전문대학원'을 창설하고 5년간 대학원장을 지냈다. 3년 후, '영화배우' 과정을 신설하면서 건국대학교 교수로 있던 문소리를 전임교수로 초빙했다. 배우 문소리와 각별하게 지내는 연유다.

이후 이창동 감독은 노무현 정부가 출범하면서 문화관광부 장관(2003.2.27~6.20)에 발탁되었다.

4년이 지난 후 2007년, 네 번째 영화 〈밀양〉을 연출했고 〈밀양〉은 칸영화제에서 여우주연상(전도연)을 수상했다.

전도연은 강수연에 이어 3대 영화제에서 두 번째로 여우주연상을 거머쥔 월드 스타가 됐다. 전도연은 〈너는 내 운명〉(박진표), 〈인어공주〉(박흥식)에서 보듯 어떠한 배역도 완벽하게 연기하는 천부적인 배우다. 전도연은 2014년에는 칸의 경쟁 부문 심사위원을 맡기도 했다.

2010년 이창동 감독은 윤정희가 주연한 〈시〉로 칸영화제에서 각본상을 받았다.

나는 1996년 이후 매년 칸영화제에 참석하고 있다. 〈밀양〉과 〈시〉가 수상하는 기쁨도 이창동 감독과 함께 했다.

2018년에는 이창동 감독의 다섯 번째 영화 〈버닝〉 또한 칸의 경쟁

부문에 진출했다. 칸영화제에서는 스크린과 버라이어티 잡지가 만드는 '데일리 뉴스'가 경쟁 영화에 대한 비평가들의 평점을 게재한다. 〈버닝〉은 5점 만점에 4점 이상의 최고점수를 받아 부문상은 물론 대상까지도 예상했지만 아깝게 국제비평가연맹상을 받는 데 그쳤다. 〈버닝〉은 다음 해 아카데미상을 앞두고 미국 주요 도시를 순회하며 상영되었다. 로스앤젤레스 영화비평가협회를 비롯한 여러 곳에서 '최우수 외국어영화상'을 수상했다. 비록 아카데미상 후보에는 오르지 못했지만, 다음 해 봉준호 감독이 아카데미 4관왕을 수상할 수 있는 기초를 마련했다.

나는 칸과 베니스 이외에도 이창동 감독과는 대만, 아르메니아, 독일, 미국 등 해외영화제에서 여러 차례 회동했다.

2006년 여름에는 대만 가오슝(高雄)영화제(6.17~6.25)에 초청받아 함께 갔다.

2007년 7월에는 아르메니아 예레반영화제에서 이창동 감독 회고전이 열려 동참했다. 예레반영화제는 내가 좋아하는 영화제이다. 2006년에는 심사위원으로, 2013년과 2015년에는 게스트로 참석했다.

독일 '하노버 메세'가 있다. 매년 4월에 열리는 하노버 메세(Hannover Messe)는 1948년에 창설된 독일 최대의 산업박람회이다. 2007년 4월에 열린 산업박람회에는 61개국 6,150개 기업이 전시에 참여했고 '파트너국가'인 한국에서는 480개 기업이 참여했다.

개막식에는 국립무용단의 공연에 이어서 한승수 총리의 개막 인사가 있었다. 나는 지식경제부의 예산지원을 받아 '한국영화 주간'을

> *2007년 7월에는 아르메니아 예레반영*
> *화제에서 이창동 감독 회고전이 열려 동참*
> *했다. 예레반영화제는 내가 좋아하는 영화*
> *제이다. 2006년에는 심사위원으로, 2013*
> *년과 2015년에는 게스트로 참석했다.*

마련했고 4월 16일부터 28일까지 6편의 영화를 상영했다. 개막 영화 〈밀양〉(이창동)을 포함하여 〈괴물〉(봉준호), 〈밤과 낮〉(홍상수), 〈추격자〉(나홍진), 〈송환〉(김동원), 〈똥파리〉(양익준), 〈독〉(김태곤), 〈워낭소리〉(이충렬), 〈택시블루〉(최하동하) 등 9편을 선정하고 이창동, 양익준, 김태곤 감독과 부산국제영화제의 홍효숙 프로그래머, 전시 총괄을 맡은 카이스트 김정화 교수와 함께 하노버로 갔었다.

2007년에 창설된 아시아태평양영화상(APSA)이 있다. 11월 호주의 휴양도시 골드코스트에서 열린 제1회 시상식에 나는 심사위원으로 참가했다. 〈밀양〉(이창동)이 작품상과 여우주연상(전도연)을 수상했다.

심사가 끝난 후 나는 이창동 감독과 전도연에게 시상식 참석을 요청했지만 전도연은 참석을 못했고 이창동 감독만 참석, 수상했다.

2012년에는 로스앤젤레스에도 동행했다. 권영락 대표가 주관했던 영화제, 'Look East Film Festival'에 참석하기 위해서였다. 안성기와 이병헌은 '차이니스극장' 앞 보도에 '핸드 프린팅'을 찍기 위해서 이창동 박찬욱은 영화 상영 후 관객과의 대화를 갖기 위해서, 고 이춘연, 오정완 이주익 전찬일 이용관 김의석(영화진흥위원회 위원장)은 행사의 게스트로 미국을 방문했다. 모두 개막행사를 포함한 이틀 간의 향사를 마치고 귀국했다. 이 영화제는 더 이상 열리지 못해 아쉬움을 남겼다.

　　이창동 감독은 시나리오를 완성하는 데에 꽤 많은 시간이 소요된다. 칸에 갈 일곱 번째의 영화가 언제 완성될 것인지 기다려진다.

회고전 6

애주가 모임,
'타이거클럽'

| 20년을 이어 온 세계영화계의 애주가 모임

'타이거클럽'은 2002년 1월 로테르담영화제에서 결성된 세계영화계의 애주가(愛酒家) 모임이다. 멤버는 대만의 허우 샤오시엔(侯孝賢) 감독, 칸영화제 집행위원장 티에리 프리모, 로테르담영화제 집행위원장 사이먼 필드, 네덜란드의 원로언론인이자 영화평론가인 피터 반 뷰런에 나까지 모두 다섯 명이다.

때로는 논지 니미부트르 태국감독과 오스트리아 필름커미션 대표 마틴 슈바이호퍼가 준회원으로 참여하기도 한다. 2001년 11월 9일에 개막된 제6회 부산국제영화제가 모임의 계기가 되었다.

당시 파리에 거주하던 배우 윤정희와 허우 사오시엔, 피터 반 뷰런, 논지 니미부트르, 폴 클락 등 다섯 명이 영화제 심사위원을 맡았다.

심사위원장인 허우 사오시엔 감독은 에드워드 양, 챠이밍량(蔡明亮)과 함께 대만의 뉴웨이브운동을 주도한 세계적인 거장 감독이다.

중국 광동현 매현에서 태어나 다음 해 대만으로 이주했고, 1981
년 〈귀여운 여인〉으로 감독에 데뷔했다. 두 번째 영화 〈펑꾸이에서
온 소년(風櫃來的人)〉으로 낭트영화제에서 최우수작품상을 받았고,
1989년 〈비정성시(非情城市)〉로 베니스영화제에서 대상인 황금사자
상을 수상함으로 거장의 반열에 올랐다.

그 후 〈해상화(海上花)〉(1998), 〈밀레니엄 맘보〉(2001), 〈쓰리 타임
스〉(2005) 등 만드는 영화마다 칸의 경쟁부문에서 상영되었고 2015년
〈자객 섭은낭(刺客聶隱娘)〉으로 칸에서 감독상을 받았다.

피터 반 뷰런은 1997년 내가 심사위원장으로 참가했던 로테르담
에서 처음 만난 이후 매년 부산에 왔고 로테르담영화제 집행위원장
인 사이먼 필드와 함께 나오는 '절친'으로 지냈던 사이다.

폴 클락은 1990년 인도에서 열린 국제회의에 나와 함께 참가했던

▶ 세계영화계 애주가 모임인 타이거 클럽의 멤버들이 2010년 10월 부산국제영화제에
  모였다. 왼쪽부터 네덜란드 언론인이자 영화평론가인 피터 반 뷰런, 칸영화제 집행위
  원장 티에리 프리모, 김동호 부산국제영화제 집행위원장, 대만의 허우 사오시엔 감독.

'아시아영화진흥기구'(NETPAC) 창립멤버이다.

논지 니미부트르는 〈댕 버럴리와 일당들〉이란 데뷔 영화로 부산국제영화제에서 뉴커런츠상을 받은 태국감독이다.

영화심사가 끝난 11월 15일 밤, 나는 심사위원들을 위로하기 위한 회식 자리를 마련했다. 이 자리에는 사이먼 필드와 티에리 프리모가 동석했다. 티에리 프리모가 부산에 오기까지 나는 많은 정성을 쏟았다.

2001년에 접어들면서 세계영화계는 지각변동이 있었다. 3대 영화제의 수장이 모두 바뀐 것이다.

칸의 경우, 23년간 칸을 이끌던 질 자콥 집행위원장이 조직위원장으로 옮기고 후임에 르미에르박물관장인 티에리 프리모가 선임되었다.

베를린영화제는 모릿츠 데 하델른 집행위원장이 물러나고 쾰른에 본부를 둔 독일 최대의 영화진흥기금(Filmstifting NRW) 대표 디이터 코슬릭이 선출되었다. 그는 전임자가 그해 영화제를 주관하게 한 후, 다음 해에 정식 부임했다.

그런데 베를린영화제에서 물러났던 모릿츠 데 하델른이 같은 해 5월, 알베르토 바베라 집행위원장의 뒤를 이어 베니스영화제의 수장이 됐다. 두 사람 모두 나와는 교류가 많았다.

┃ 3대 영화제 새 수장들을 부산으로

나는 새로 부임한 3대 영화제 수장들이 모두 부산에 모이도록 해야 하겠다는 욕심이 생겼다. 우선 칸부터 공략했다.

1월 말에 개최되는 로테르담영화제와 2월 10일 전후로 열리는 베를린영화제 사이에는 4, 5일의 간격이 있었다. 나는 이 기간 파리에 들러 칸 사람들을 만났다.

1998년 이후 매년 반복해 온 일정이다. 파리의 칸 집행부 책임자들을 만나 완성단계에 있는 한국영화들을 칸에 초청받도록 교섭하는 일종의 로비활동을 위해서였다.

칸 사무실을 방문한 나는 질 자콥의 소개로 새로 부임한 티에리 프리모 집행위원장을 만났다. 부산국제영화제에 참석해 달라고 부탁했다.

그는 "부산국제영화제에 대해서는 많이 들어 알고 있다"라면서 내년에나 갈 수 있을 것 같다고 말했다. 그해 5월 칸영화제에 참석했을 때 다시 부산 방문을 간청했다. 그때는 6월이 되어야만 결정할 수 있게 될 것 같다고 그 가능성을 비쳤다.

마침 6월 초에 임권택 감독의 회고전이 파리에서 열렸다,

나는 영화제의 예산 아닌 사비(私費)로 파리에 갔다.

회고전이 개막된 다음 날 티에리 프리모와 조찬을 함께했다. 그 자리에서 부산국제영화제에 참석하겠다는 확답을 받았다. '삼고초려'(三顧草廬) 끝에 부산에 올 수 있게 한 것이다.

다음 공략 목표는 디이터 코슬릭 베를린영화제 집행위원장.

베를린영화제에 갔을 때 디이터 코슬릭은 영화제가 끝난 다음부터 맡겠다고 나타나지 않아 만날 수가 없었다. 그래서 베를린영화제의 프로그래머인 도로시 베너를 통해 집요하게 부탁했다. 귀국한 후, 디이터 코스릭이 부산국제영화제에 오겠다는 희소식을 접했다.

▶ 영화제를 매개로 오랜 우정을 쌓은 피터 반 뷰런, 김동호, 사이언 필드 로테르담영화제 집행위원장.(왼쪽부터)

▶ 암스테르담의 피터 반 뷰런 자택에서 허우 샤오시엔 감독, 피터, 김동호가 만났다.(왼쪽부터) 이날이 피터와의 생전 마지막 만남이 될 줄은 몰랐다.(2016년 2월)

> *2020년 2월 20일, 코로나가 확산하기 직전, 베를린영*
> *화제 개막 리셉션에 참석했을 때 암스테르담에서 온 영*
> *화인이 "피터가 두 달밖에 살지 못한다"라고 투병 중인*
> *그의 근황을 전했다. 다음 날 아침 피터 반 뷰런에게 전화*
> *했더니 역시 "두 달밖에 못 산다"라고 담담하게 말한다.*

베를린영화제에서 퇴임한 모릿츠 데 하델른이 베니스영화제 집행위원장으로 내정되었다는 소식은 칸에서 들었다. 마침 칸에 와 있던 그를 만날 수 있었고 축하인사와 함께 부산에 와 달라고 부탁했다. 그는 흔쾌히 수락했다.

이런 과정을 거쳐 2001년 11월에 개막된 부산국제영화제에 새로 부임한 세계 3대 영화제 수장들이 모두 참가하는 새로운 역사를 만들었다.

| 로테르담 로고, 내 이름을 본떠 '타이거클럽' 결성

다음 해 2002년 나는 샌프란시스코를 경유, 예년보다 늦은 1월 29일 로테르담에 도착했다. 허우 사오시엔 감독이 심사위원을 맡고 있었다.

사이먼 필드, 피터 반 뷰런, 허우 샤오시엔 과 나는 사흘 동안 영화제 일정이 끝나면 '페스티벌 카페'에서 만나 문 닫는 새벽 세 시까지 술을 마셨다. 그리고 폐막식을 하루 앞둔 1월 31일 '타이거 클럽'을 결성했다.

사이먼필드와 허우 샤오시엔은 55세, 피터 반 뷰런은 60세, 65세인 내가 '빅 브라더'가 됐다. 로테르담영화제의 로고는 호랑이, 내 이름 끝자 '호'(虎)도 호랑이여서 클럽이름을 '타이거클럽'으로 정했다.

칸에서 다시 만났을 때 티에리 프리모가 자기도 부산에서 회동했으니 당연히 회원이 되어야 한다고 주장해서 만장일치로 회원이 되었다.

그 이후 우리는 로테르담, 베를린, 칸에서 자주 만났고 특히 부산에서 매년 모였다.

부산에서는 다섯 명이 다 모일 수 있는 날을 택해 밤 12시 해운대에 있는 노래방에 모여 새벽 세 시까지 춤추고 노래했고, 포장마차로 자리를 옮겨 여섯 시 까지 술을 마시며 환담했다. 여섯 시가 되면서 티에리 프리모는 호텔로 돌아가 짐 갖고 공항으로 가서 출국했다. 세계 최고의 영화제를 이끌려면 정신적인 고통이 적지 않을 것이다. 그 스트레스를 1년에 한 번 부산에서 풀고 가는 것이 아니었던가 싶다. 그는 2001년부터 내가 집행위원장을 그만둔 2010년까지 10년 동안 비록 하루만 있다 가더라도 한해도 거르지 않고 부산에 왔다. 그 후로는 한국을 다시 찾지 못하고 있지만.

2012년 3월 초 피터 반 뷰런이 70회 생일을 맞아 그가 거주하는 암스테르담에서 자축 리셉션을 한다는 이메일을 보냈다.

나는 리셉션이 열리는 카페 근처에 숙소를 예약했다. 3월 17일 토요일 오후 2시 55분 인천공항을 출발, 오후 6시 35분 암스테르담에 도착한 후 리셉션 장소로 갔다. 앉을 자리조차 없는 비좁은 공간에 맥주와 와인, 위스키만 마시는 카페였다. 이태리와 벨기에에 거주하는 두 딸과 런던에서 온 사이먼 필드가 와 있었다. 2006년 1월 1일

▶ 장 미셸프로돈 프랑스 언론인 '절친'과 함께, 왼쪽부터 김동호 집행위원장, 허우 사오시엔 대만 감독, 티에리 프리모 칸영화제 집행위원장

에 술을 끊은 나는 저녁도 굶은 채 12시까지 '물과 안주'로 담소만 하다가 호텔로 돌아왔다.

다음날인 3월 18일 나는 호텔에서 체크아웃한 후 식당으로 가 점심을 샀다. 사이먼 필드와 두 딸이 합석했다. 점심 후 공항으로 가서 귀국길에 올랐다. 이처럼 나는 국내건, 해외건 경조사는 원근을 가리지 않고 참석한다.

2010년, 부산국제영화제를 떠난 이후 나는 로테르담에 갈 기회가 없었다.

그런데 로테르담영화제에 갔다 온 영화인들로부터 피터 반 뷰런이 암투병중이라는 소식을 접했다.

6년이 지난 후 나는 아이슬란드가 배출한 거장 프리드릭 토르 프리드릭슨 감독이 운영하는 레이캬비크영화제에 초청받고 2016년 2월 15일 런던에 도착했다.

출발 전에 피터 반 뷰런에게 연락했더니 허우 사오시엔 감독이 〈자객 섭은낭〉 홍보차 런던에 왔다가 파리로 간다고 했다. 나는 허우 사오시엔에게 전화해 파리로 가기 전에 암스테르담에 들러 함께 문병하자고 제의했다.

런던에 도착한 다음 날 나는 저가비행기 표를 구입, 암스테르담에 갔다.

피터 반 뷰런 집에서 허우 사오시엔 감독과 셋이 만나 점심을 함께한 후 허우 사오시엔은 파리로 갔고 나는 런던을 경유 아이슬란드의 레이캬비크로 갔다.

이 만남이 마지막 회동이 될 줄은 몰랐다.

2020년 2월 20일 코로나가 확산하기 직전, 베를린영화제 개막 리셉션에 참석했을 때 암스테르담에서 온 영화인이 "피터가 두 달밖에 살지 못한다"라고 투병 중인 그의 근황을 전했다. 다음 날 아침 피터 반 뷰런에게 전화했더니 역시 "두 달밖에 못 산다"라고 담담하게 말한다.

2020년 3월 28일 그와 종종 메일을 주고받던 이창동 감독으로부터 타계했다는 전화를 받았다. 딸 사라에게 전화했더니 4월 1일 가족과 가까운 친지들만 모여 장례식을 치르겠다고 하면서 코로나가 잠잠해지면 별도의 추모행사를 갖겠다고 했다. 추모식에는 이창동 감독과 함께 참석하겠다고 약속했지만, 코로나가 계속 확산하면서 이 또한 무산되었다.

　로테르담을 떠난 사이먼 필드는 지금 태국감독 아핏차풍 위라세타쿤 감독의 프로듀서로 활동 중이다. 아핏차풍은 2010년 칸영화제에서 〈엉클분미〉로 태국감독으로서는 최초로 황금종려상을 받은 감독이다.

　2023년 영화 촬영차 타이베이를 방문했을 때 허우 샤오시엔은 투병 중이어서 만나지 못하고 아들만 만나고 왔다. 이제 타이거클럽도 역사 속의 추억으로 사라져 가는 것 같다.

'넷팩' 친구들

| '넷팩(아시아영화진흥기구)' 친구들과 30여 년 교류

1990년 8월 24일 나는 알마아타(지금의 알마티), 타슈켄트에서의 '한국영화 주간' 행사를 마치고 정진우 감독, 강대선 이사장, 정윤희 배우와 작별한 후 인도로 향했다. '아시아 실험영화와 비상업영화의 진흥과 배급을 위한 아시아네트워크의 창설에 관한 아시아지역 세미나'라는 긴 이름의 국제회의에 참석하기 위해서였다.

인도의 영화잡지 시네마야(Cinemaya)의 발행인 겸 편집장인 아루나 바슈데프(Aruna Vasudev)가 유네스코의 후원으로 개최한 회의다.

8월 25일 새벽 4시 뉴델리공항에 도착했다. 새벽인데도 섭씨 40도가 넘는 불볕더위다. 정인준 공보관이 마중했다. 인도가 처음인 나는 정 공보관의 안내로 아고라. 타지마할의 문화유적들을 본 후 대사관저로 대학 선배인 김태지 대사를 예방했다. 김수근 건축가가 설계한 대사관 관저는 한국의 전통미를 살린 건물과 아름답고 넓은 정원

▶ 인도 뉴델리에서 개최된 국제회의. 왼쪽부터 김동호, 김태지 주인도 한국대사, 인도 외교부장관.(1990년 8월)

이 일품이었다.

나는 개막식 날 특별한 저녁행사가 없는 것을 확인하고 대사관저에서 각국 대표들을 초청하여 환영 리셉션을 개최하는 것이 어떻겠느냐고 조심스럽게 여쭤봤다. 대사께서는 흔쾌히 수락했다.

8월 27일 오전 10시 외무장관과 공보장관, 외교사절들이 대거 참석한 가운데 열린 개막식은 격식 있고 화려했다. 아루나의 외교적 수완이 대단함을 입증시켜주었다. 특히 이날 저녁 한국대사관저에서 개최된 개막 리셉션은 회의 참가자들에게 한국의 건축과 정원, 국악과 한국음식을 소개해 준 매우 뜻깊은 행사가 되었다. 이로 인해 나는 모든 회의 참가자들의 부러움을 샀고 이들과 바로 친숙해질 수 있었다.

｜개인 회원 29개국 65명, 11개 단체가 가입

그날 밤의 '리셉션'만으로도 나는 회의 참가 목적을 충분히 달성했다고 생각했다. 폐막 행사는 참석하지 못하고 29일 새벽, 뉴델리를 출발, 프랑크푸르트를 거쳐 캐나다 몬트리올에 도착했다. 〈수탉〉(신승수)이 경쟁부문에 선정되었기 때문이다.

제작사의 도동환 사장, 신승수 감독, 김인문 배우, 중앙일보 이헌익 기자, 조선일보 정중헌 기자가 영화진흥공사 직원의 안내로 몬트리올영화제에 참석하고 있었다. 아쉽게도 〈수탉〉이 본상 수상은 못했고, '제작자 공로상'을 받는 데 그쳤다.

뉴델리에서 개최된 회의는 '아시아영화진흥기구'(The Network for the Promotion of the Asian Cinema) 즉 '넷팩'의 창설 회의가 되었다. 따라서 나는 창설회원이 된 셈이다.

그 이후 야마카타(山形·1991), 하와이(1993), 마닐라(1995)에서의 총회를 거치면서 '넷팩'은 그 외연을 넓혀 갔다.

창립회장인 아루나는 25년간 '넷팩'을 이끌면서 넷팩상'을 창설하는 등 아시아영화진흥에 많은 공헌을 했다.

최우수 아시아영화에 수여하는 '넷팩상'은 베를린, 베니스를 비롯한 많은 영화제에서 채택하고 있다. 부산국제영화제도 1회 때부터 시상하고 있다.

나는 1997년 제2회 부산국제영화제때 제5차 넷팩 총회를 부산에서 개최했고 아루나에게 '아시아영화공로상'을 수여했다.

초창기 넷팩의 핵심 멤버는 아루나와 함께 하와이영화제 집행위원장 지넷 폴슨(Jeannette Paulson), 싱가포르영화제 집행위원장 필립

▶ 아시아영화진흥기구(넷팩)의 핵심 멤버들. 오른쪽부터 김동호 부산국제영화제 집행위원장, 인도 영화잡지 시
네마야의 발행인 겸 편집장인 아루나 바수데프, 하와이영화제 집행위원장 지넷 폴슨, 넷팩 부위원장인 이란의
모하마드 아테바이.

쉬아(Philip Cheah) 세 사람이다. 아루나는 나와 동갑이다.

2001년 그녀는 뉴델리에서 '시네 팬'(Cine-fan)영화제를 창설했
다. 스폰서가 생기면서 2004년부터 영화제 명칭은 '오시안즈 시네
팬'(Ocean's Cine-fan)으로 변경되었다. 나는 창설 다음 해부터 네
번을 초청받았다.

그중 2004년 7월에는 인도 여배우 사바나 아즈미(Savana Azmi),
이란의 거장 감독 모흐센 마프말바프, 칸영화제 감독주간 책임자 올
리비에 페르(Olivier Pere), 시네마닐라영화제 집행위원장 티코이 아
퀼루스(Ticoy Aquiluz) 그리고 나와 필립 쉬아가 심사위원으로 초청
받았다. 우리는 열흘간 뉴델리에 체재하면서 틈틈이 많은 곳을 볼 수
있었다.

▶ 영화제집행위원장들이 한자리에 모였다. 왼쪽부터 마샬 크나벨(스위스 프리부르), 아루나 바수데프(오시안즈 시네팬), 김동호(부산), 지넷 폴슨(하와이), 필립 쉬아(싱가포르).

　아루나는 영화제를 그만둔 후 불교영화제를 운영하다가 그마저 접고 그림그리기에 전념하고 있다가 지난 2024년 9월 타계했다.

　필립 쉬아는 싱가포르영화제의 창설자이면서 집행위원장을 맡고 있었다. 그는 영화 선정을 위해 영화진흥공사를 매년 방문했다.

　나는 1996년 제1회 부산국제영화제를 준비하면서 필립에게 부탁, 오석근 사무국장과 공채직원 한 명을 싱가포르영화제에 보내 함께 일하도록 했다. 제1회 영화제를 창설하고 운영하는 데에 참고할 수 있도록 한 것이다. 다음 해 4월 나는 싱가포르영화제에 심사위원으로 초대받았다.

　2000년 4월 8일 싱가포르에서 열린 제6차 넷팩 총회에 참가했고,

2004년에는 넷팩상과 국제영화비평가상(FIPRESTI) 상 심사를 위해 싱가포르영화제에 참석했다. 필립은 매년 부산국제영화제에 참가했고, 아시아에서 개최되는 대부분의 영화제에도 빠짐없이 참석하고 있다. 그 때문에 부산과 아시아에서 수시로 만나면서 '절친'이 되었다.

미국의 지넷 폴슨과의 관계는 각별하다. 그녀는 뉴델리회의 두 달 전에 영화진흥공사를 방문했었기에 뉴델리에서는 두 번째로 만난 셈이다.

| 후쿠오카영화제 개 · 폐막 일정이 겹쳐 난처

지넷은 제1회 부산국제영화제에 왔다 간 직후, 11월에 개최되는 하와이영화제에 나를 전 기간 체재할 수 있게 특별 초청했다.

사토 다다오(佐騰忠男) 후쿠오카영화제 집행위원장과 '화해'시키려는 목적이 있었다. 1996년 9월 13일에 개막한 제1회 부산국제영화제와 후쿠오카영화제가 공교롭게도 개, 폐막 일정이 똑같았다. 전혀 예상치 못한 결과였다.

사토 다다오 위원장은 임권택 감독과 친했다. 부인 히사코 다다오와 함께 한국을 자주 찾았고 나는 1989년 임 감독의 소개로 처음 만났다. 그 이후 한국에 올 때마다 식사를 함께해서 잘 아는 사이다. 첫 부산국제영화제와 후쿠오카영화제의 일정이 같아지면서 나는 꽤 난처한 입장에 처했다.

부산에 왔을 때 이 사실을 알고 간 지넷이 하와이에 도착하자마자 사토 다다오 위원장과 나를 하와이에 함께 초청해서 서로 만날 수 있게 한 것이다.

> **❝**
>
> *건강이 안 좋았던 히사코 부인이 2019년*
> *9월, 별세했다. 지난 3월 17일에는 사토 다다*
> *오. 교수마저 만 91세로 타계하였다. 조문을*
> *가려고 해도 갈 수 없는 현실이 안타까웠다.*
>
> **❞**

나는 선물을 갖고 하와이로 가서 점심을 사면서 화해했다. 그 이후 2006년, 사토 교수가 영화제를 떠날 때까지 10년간 나는 그들 부부를 부산에 초청했고 그는 나를 매년 후쿠오카에 초청했다.

1930년에 출생한 사토 다다오 씨는 일본의 원로평론가이자 교수다. 1991년 후쿠오카 시가 주도해 '포커스 온 아시아 후쿠오카' 영화제를 창설하면서 사토 다다오. 교수를 집행위원장으로 영입했다.

15년간 영화제를 이끌다가 2006에 영화제를 떠났다. 사토 위원장과 나는 서로 영화제를 찾으면서 더욱 친해졌다. 물론 해외에서도 자주 만났지만.

건강이 안 좋았던 히사코 부인이 2019년 9월 별세했다. 2023년 3월 17일에는 사토 다다오. 교수마저 만 91세로 타계하였다. 조문을 가려고 해도 갈 수 없는 현실이 안타까웠다.

| 잊을 수 없는 지넷 폴슨의 환상적인 결혼식

사토 다다오 위원장과 나를 하와이로 불러 화해시켜 준 지넷 폴슨이 다음해인 1997년 8월 9일 결혼한다는 전문을 받았다.

신랑은 파푸아 뉴기니 출신의 하와이대학 교수 빌소니 헬레니코

> 넷팩 친구 중 결혼식에 참석한 사람은 나 혼
> 자였다. 지넷은 날 만날 때마다 고마움을 표시
> 하고 내가 선물로 사다 준 청자 도자기를 자랑
> 한다. 그 후 그녀의 이름은 지넷 폴슨 헬레니
> 코가 되었다. 이어서 그해 11월에 개최된 하와
> 이영화제에 나를 심사위원으로 초청했다.

(Vilsony Heleniko). 둘 다 재혼이다. 나는 왕복 티켓을 구입하고 8월 8일 호놀룰루에 도착했다.

'선 라이징 웨딩 세레머니'-결혼식은 호놀룰루에서 좀 떨어진 곳에 있는 해변에서 새벽 5시 일출에 맞춰 진행되었다. 결혼식 후 우리는 크지 않은 그녀의 이층집에 들어가 커피와 쿠키로 요기하고 헤어졌다. '선 세팅 웨딩 퍼포먼스'- 그날 저녁 호놀룰루 해변에 무대를 마련하고 해가 지는 8시에 공연했다. 지넷이 연출하고 빌소니가 제작한 '파인 댄싱'(Fine Dancing). 파푸아 뉴기니와 하와이 원주민의 춤과 노래로 만든 토속적이고도 역동적인 공연이었다. 하와이 주지사, 호놀룰루 시장을 포함한 내빈과 주민들로 만원이었다. 이 공연은 하와이의 여러 섬을 순회했다. 공연이 끝난 후 옆 호텔 지하로 자리를 옮겨 밤새도록 댄스파티가 열렸다.

나는 새벽에 지넷 부부와 작별하고 서울로 돌아왔다. 지금도 잊혀지지 않는 환상적인 결혼식이었다.

▶ 뉴델리에서 개최된 넷팩 20주년 행사에 참석한 회원들. 앞줄 오른쪽에서 네 번째 김동호 위원장, 다섯 번째 아루나 회장.(2010년)

넷팩 친구 중 결혼식에 참석한 사람은 나 혼자였다. 지넷은 나를 만날 때마다 고마움을 표시하고 내가 선물로 사다 준 청자 도자기를 자랑한다. 그 후 그녀의 이름은 지넷 폴슨 헬레니코가 되었다. 이어서 그해 11월에 개최된 하와이영화제에 나를 심사위원으로 초청했다.

그녀는 1998년 하와이영화제를 떠나 남가주대학(University of Southern California)의 아시아태평양미디어센터의 책임자로 옮겼다.
대학주최로 1998년 3월 30일부터 3일간 '인터넷을 통해 아시아영화의 데이터베이스 구축을 위한 국제자문위원회 회의'를 개최하면서 나를 위원으로 위촉, 회의에 초대했다.

넷팩은 2022년 2월 현재 개인회원이 29개국 65명, 기관회원은 부산국제영화제를 포함 7개국 11개 단체가 가입되어 있다.
2022년 2월 말 온라인을 통한 선거에서 호주의 브리즈번 영화제 집행위원장을 지낸 앤 드미 갤로어와 인도의 비나 폴이 공동위원장으로 선임되었다. 나는 한때 부회장으로 있다가 지금은 고문으로 있다.

2010년 뉴델리에서 열린 넷팩 20주년 행사(8.18~8.22)와 특히 2018년 필리핀의 교수 닉 데오캄포가 마닐라에서 개최한 총회 이후 코로나로 인해서 모이지 못하고 있다. 넷팩 친구들을 반갑게 만날 다음 총회가 기다려진다.

회고전 8

아시아 · 태평양영화상(APSA)

| '호주판 오스카상' 창설을 도와 아 · 태지역 영화 발전에 기여

공연윤리위원회 위원장(지금의 영상물등급위원회)으로 있던 1994
년 나는 한호(韓濠)재단의 초청으로 8월 21일부터 29일까지 9일간
호주를 방문했다.

오랜 기간 주한 호주대사관과 한호재단에 근무하고 있는 이효진
씨가 주선했고, 그녀는 지금은 워싱턴 포스트에서 일하고 있다.

브리즈번, 캔버라, 시드니, 멜버른 등 4개 도시의 방송, 영화 관련
기관과 문화시설을 방문했고 책임자들과의 오찬 또는 만찬이나 면담
을 할 수 있었던 것은 큰 수확이었다. 수도인 캔버라에서 권병현 대
사와 조영호 공보관을 만났고, 영화음향자료원을 방문해서 복원작업
현장을 관람했다. 시드니의 영화, TV, 라디오학교를 시찰한 것과 골
드코스트의 워너 무비스튜디오를 돌아 볼 수 있었던 것, 멜버른 빅토
리아아트센터에서 멜버른교향악단의 연주를 듣고, 시드니오페라하
우스에서 '곤돌리에' 공연을 관람할 수 있었던 것도 행운이었다.

▶ 호주의 휴양지 골드코스트에서 개최된 제1회 아시아태평양영화상(APSA) 심사위원들. 왼쪽부터 데스 파워 회장, 이란 자파르 파나히 감독, 인도 샤바나 아즈미 배우(위원장), 저자, 미국 닉 포웰 감독.(2007년 11월)

| 〈밀양〉, 〈기생충〉 작품상 등 잇단 수상

브리즈번의 그리피스대학 음악원에서 한국 학생 세 명의 피아노 연주를 들은 후 학장도 참석하는 오찬을 함께한 것도 추억에 남는다. 그러나 무엇보다 나는 건축미가 뛰어난 현대미술관, 공연아트센터, 도서관 등 문화시설과 그리피스대학 등이 조화롭게 배치된 아름다운 브리즈번 도시 자체가 너무 좋았다.

귀국 후 나는 이효진의 중간역할로 주한 호주대사관이 서울에서 주최하는 모든 행사에는 참석했을 뿐 아니라, 1996년 부산국제영화제가 창설되면서 영화제 기간 중 호주대사가 주최하는 '호주의 밤' 행사도 매년 개최되었다. 그래서 나는 역대 호주대사와 문정관들과 친해질 수 있었다.

▶ 호주 브리즈번에서 저자가 추천한 〈서편제〉 (임권택), 〈살인의 추억〉 (봉준호), 〈공동경비구역 JSA〉 (박찬욱), 〈돼지가 우물에 빠진날〉 (홍상수) 등 네 편의 한국영화를 상영한 후 학생들과 일반 관객들을 대상으로 강의와 질문을 받는 '마스터클래스'가 열렸다. 왼쪽부터 한 사람 건너 정재훈 퀸즈랜드대 교수, 배한진 출장소장, 허만 학장, 김지희 시드니 한국문화원장과 직원.(7월 19일)

2005년 가을 호주대사관의 소개로 데스 파우어(Des Power)를 만났다.

그는 언론인이면서 영화제작자였고, 교향악단을 창단해 운영하는 호주의 저명인사였다.

그는 호주에서 미국의 아카데미영화상과 같은 아시아·태평양지역의 영화상을 창설, 아시아 각국을 순회하거나 호주 내의 여러 도시를 순회하면서 개최하겠다고 했다. 나는 아시아 각국의 영화 제작자협회가 주관하고 아시아 각국을 순회하면서 개최하고 있는 '아시아태평양영화제'의 예를 들면서 호주의 한 도시에서만 개최하는 것이 좋다는 의견을 제시했었다.

데스 파우어는 2년 뒤 2007년 11월 6일 호주의 휴양지 골드코스트에서 아시아·태평양영화상(APSA)을 창설하고 나를 심사위원으로 초청했다.

인도의 여배우 사바나 아즈미(위원장), 이란감독 자파르 파나히, 중국감독 티엔 주앙주앙, 미국 영화감독 닉 포웰 등 다섯 명이 심사했다. 티엔 주앙주앙과 자파르 파나히는 부산에 두 번이나 왔었다.

특히 자파르 파나히와 나는 2004년 러시아 소치에서 함께 영화심사위원을 했었다. 사바나 아즈미도 인도 시네판영화제에서 함께 심사했기 때문에 닉 포웰을 제외하고는 모두 친한 사이였다. 골드 코스트에 머무는 동안 나는 매일 새벽 바닷가 모래사장을 걷거나 뛸 수 있어서 너무 좋았다.

심사결과 이창동 감독의 〈밀양〉이 작품상과 여우주연상(전도연)을 받았다. 주최측과 협의해서 이창동 감독과 배우 전도연을 초청했으나 이창동 감독만 시상식에 참석했다.

나는 2010년 제4회부터 홍보대사(Patron)로 위촉되면서 매년 메인 카탈로그에 축사를 게재해 오고 있다.

2011년 11월 22일 개최된 제5회 APSA에는 홍보대사 겸 시상자로 초청받아 참석했다. APSA를 브리즈번시가 주최하면서 시상식 장소도 골드코스트에서 브리즈번으로 바뀌게 되었다.

APSA는 2013년 제7회 시상식부터 데스 파워가 물러나고, 후임으로 마이클 호킨스가 새로 회장을 맡아 운영하고 있었다.

2012년 나는 단국대학교에 '영화콘텐츠전문대
학원'을 창설하여 대학원장을 맡고 있었다. 브리
즈번의 그리피스 영화대학과 제휴해서 두 대학 학
생들이 함께 제작하는 프로젝트를 추진했다.

99

| 단국대에 '영화콘텐츠전문대학원' 창설, 대학원장을 맡아

2012년 나는 단국대학교에 '영화콘텐츠전문대학원'을 창설하여
대학원장을 맡고 있었다. 브리즈번의 그리피스 영화대학과 제휴해
서 두 대학 학생들이 함께 제작하는 프로젝트를 추진했다. 이에 따라
2014년 10월 18일부터 22일까지 5일간 그리피스 영화대학에서 워
크숍을 가졌다. 박기용, 김선아 교수와 6명의 대학원생이 참가해서
호주 학생들과 공동작업을 했다.

특히 박기용 감독은 호주와 뉴질랜드에서 교환교수로도 있었고 호
주에서 영화도 여러 편 제작했기 때문에 허만 반 아이큰(Herman
van Eyken) 학장과 친했다. 허만 학장은 세계영화대학연맹(CI
LECT)의 아시아·태평양지역 회장을 맡고 있는 세계영화대학연맹의
핵심멤버다.

허만 학장의 추천으로 2015년 10월 15일부터 18일까지 북경 영
화대학 개교 65주년을 계기로 북경에서 개최된 '세계저명영화학교
교장포럼'에 준회원자격으로 박기용 교수와 함께 참석해서 단국대학
교 영화콘텐츠전문대학원을 소개했다. 세계적인 영화학교 교장들을
한자리에서 만날 수 있었던 것은 너무도 좋은 기회였다. 북경 영화대
학, 그리피스 영화대학과 단국대학교 영화콘텐츠 대학의 학장들이

▶ 왼쪽부터 호주 녹음기사 제임스, 트레시 비엘라 신임 APSA 회장, 저자, 허만 반 아이큰 그리피스영화학교 교장, 그리피스대학 전 이사장.(2022년 7월 20일)

모여 학생들의 공동영화 제작을 추진하기로 협약을 체결한 것도 큰 성과였다.

같은 해 2015년 11월 나는 제9회 APSA의 심사위원장을 맡게 되었다.

14일부터 28일까지 보름간 체재하면서 데스 파워와 골프도 하고 관광도 하면서 즐겁게 보냈다.

모스토커 파 하루키 이란배우, 우웨이 빈 하지사리 말레이시아 감독, 알렉세이 포포그라프스키 러시아영화학교 교수, 네가 자바헤리안 방글라데시 감독 등 다섯 명이 심사했고 맥심 윌리암슨, 샤논 킹이 담당자로 함께 참여했다.

▶ 우웨이 빈 하지사리 말레이시아 감독, 모스토커 파 하루키 이란배우, 알렉세이 포포그라프스키 러시아 영화학
교 교수, 맥심 윌리암슨 심사위원 코디, 네가 자바헤리안 방글라데시 감독, 저자.

　심사 결과 작품상은 태국 아피차풍 감독의 〈찬란함의 무덤〉(Cemetery of Splendour)이, 심사위원 대상은 박정범 감독의 〈산다〉(Alive)가 수상했다. 남우주연상은 정재영(홍상수 감독의 〈어제는 옳고 오늘은 그르다〉)이, 여우주연상은 일본의 키키 키린(나오미 가와세 감독의 〈앤〉)이 수상했는데 내가 좋아했던 그녀는 2018년 9월 15일 타계했다.

　다음 해인 2016년 제10회 시상식에서는 제9회까지 심사위원장을 맡았던 인사들을 심사위원으로 위촉했다. 이에 따라 나는 심사위원으로 다시 브리즈번을 방문할 수 있었다.
　〈미션〉, 〈킬링 필드〉의 제작자인 영국의 데이비드 푸트남, 인도의 시암 베네갈 감독, 호주 여배우 제인 채프먼, 홍콩 제작자 시남생 (Nansun Shi) 등 다섯 명이 심사했고 위원장은 푸트남이 맡았다.

이 해에는 배우 윤여정이 이재용 감독의 〈죽여주는 여자〉로 심사위원상을 받았다.

네 편, 상영 뒤 '마스터 클래스'도 개최

나는 2019년에 개최된 제13회 APSA에 다시 초청받아 참석했다. 마이클 호킨스 회장이 특별히 100주년 행사를 마련했다.

11월 19일 저녁 8시 '100주년 축하의 밤' 리셉션이 열렸고 한국교민회가 주선한 공연도 곁들였다.

11월 20일 오전에는 '문화 다양성과 표현의 자유' 주제로 발제 강연과 패널 토의가 진행되었고 오후에는 그리피스 대학으로 장소를 옮겨 한국에서 온 손본 교수의 '한국영화의 황금기'에 관한 주제 강연에 이어 뉴질랜드에서 온 캐더린 핏즈제럴드(Fizgerald), 스크린 오스트레일리아의 마이클 맥도널드, 미국에서 온 영화 〈벌새〉의 제작자 조수아와 내가 패널리스트로 참여했다.

21일 저녁에 개최된 제13회 APSA에서 〈기생충〉(봉준호)이 작품상을 받았다. 이처럼 나는 여러 차례 브리즈번을 방문하면서 브리즈번 도시 자체에 매료되었다.

2020년과 2022년에는 코로나 펜데믹으로 APSA가 열리지 못했다. 더구나 브리즈번시장이 바뀌면서 APSA에 대한 지원도 중단되었다.

다행히 APSA는 골드코스트 시가 예산지원을 약속하면서 올해는 골드코스트로 다시 복귀하게 된다.

APSA의 새 집행부인 트레시 비엘라 회장,
루시 휘셔 사무총장 그리고 오랜 기간 APSA
에서 일한 제크린 맥랜든 전 사무총장과 점심
을 함께 하면서 APSA에 관한 앞으로의 계획
을 청취할 수 있었던 것 또한 큰 수확이었다.

나는 2022년 7월 15일 말레이시아에 도착, 16일 오전에는 링컨대학에서 명예교수 위촉장과 핸드 프린팅을 한 후, 오후에는 말레이시아영화제에서 평생공로상을 받았다. 다음 날 오후 쿠알라룸푸르를 떠나 인도네시아 발리공항에서 비행기를 바꿔 탄 후 18일 아침에 브리즈번에 도착, 10시에 열린 그리피스대학교 졸업식에서 명예박사학위를 받았다.

다음날인 7월 19일 내가 추천한 〈서편제〉(임권택), 〈살인의 추억〉(봉준호), 〈공동경비구역 JSA〉(박찬욱), 〈돼지가 우물에 빠진 날〉(홍상수) 등 네 편의 한국영화를 상영한 후 학생들과 일반관객들을 대상으로 강의와 질문을 받는 '마스터 클래스'에 참여했다.

특별히 마스터 클래스에 참석한 배한진 브리즈번 한국출장소장, 시드니 한국문화원의 김지희 소장과 직원들, 특히 이효진의 소개로 브리즈번에서 만나 떠날 때까지 동행해준 퀸즈랜드대학의 정재훈 교수께 감사드린다.

귀국하기 전날인 7월 20일 APSA의 새 집행부인 트레시 비엘라 회장, 루시 휘셔 사무총장 그리고 오랜 기간 APSA에서 일한 제크린 맥랜든 전 사무총장과 점심을 함께 하면서 APSA에 관한 앞으로의 계획을 청취할 수 있었던 것 또한 큰 수확이었다.

　지난해 2023년 8월 김지희 호주 한국문화원장의 초청으로 시드니를 방문했다. 24일 9시에는 뉴 사우스 웨일스대학교 그레그(Greg Dolgopolv) 교수 주재로 '부산국제영화제'에 관한 특강을 한 후 학생들과 질의·응답시간을 가졌다. 국제영화제의 성공비결, 정부 또는 지자체로부터의 독립 문제에 대한 질의가 많았다. 지난해로 14회를 맞았던 '시드니영화제'는 먼저 시드니에서 개최한 후 브리드번, 캔버라, 멜버른을 순회하면서 개최됐다. 저녁에는 개막식에 이어 개막 영화〈올빼미〉(안태진)가 상영되었고, 다음날 뉴 사우스 웨일스 미술관에서 '1998년 이후의 한국영화 전성기'에 관한 특강을 한 후 28일 귀국했다.

　호주 특히 브리즈번은 찾을수록 매력이 더해가는 도시다.

회고전 9

부산국제영화제 창설

| '문화 불모지' 부산서 영화제 창설? 주변의 만류에도 밀어붙여

1996년 9월 13일 6시 50분 부산 해운대 요트경기장에 마련된 야외극장에서 부산 뉴필하모니 오케스트라의 '돌아와요 부산항' 연주가 울려 퍼지고, 문정수 부산시장의 개막선언에 이어 김영삼 대통령의 축하 영상메시지가 상영된 후 개막영화 〈비밀과 거짓말〉(마이크 리 감독)의 주연배우인 브렌다 블레신과 마리안 장 밥티스트가 소개되고 이어서 불꽃이 수영만 밤하늘을 화려하게 장식하는 가운데 누워있던 6층 높이의 대형 스크린이 장내를 가득 메운 5천여 관객의 탄성과 환호 속에서 서서히 올라가면서 역사적인 제1회 부산국제영화제가 막을 올렸다.

내가 부산에서 국제영화제를 창설한다고 했을 때 주변에서는 '문화의 불모지'인 부산에서 국제영화제가 성공하겠느냐는 우려와 함께 젊은 영화인들과 어울려 대규모 국제행사를 벌리다가 '패가망신'한다고 극렬하게 만류했지만 그럴수록 나는 '오기와 집념'으로 영화제

▶ 폐막식 후 퇴임파티에 참석한 영화제 스태프들. 뒷줄 왼쪽부터 오석근(전 사무국장), 고 김지석 프로그래머, 안병율 부진행위원장, 이용관 공동위원장, 전양준 프로그래머, 배우 안성기.(2010년 10월)

▶ 로테르담영화제에서 운영하는 대형스크린, 거리 중앙에 설치되어 있다.

창설을 밀어붙였다.

| 1996년 9월 해운대 야외상영장에서 팡파르

일 년 전인 1995년 8월 18일 오전 10시 서울시청 앞 프라자호텔 커피숍에서 부산 경성대 이용관 교수, 영화평론가 전양준, 부산예전의 김지석 교수와 영화사 '열린판'의 김유경 대표를 만났다. 모두가 초면인 이들은 부산에서 국제영화제를 창설하기 위해 준비 중인데 그 '선장' 격인 집행위원장을 맡아달라고 간청했다. 부산의 파라다이스호텔에서 5억원의 지원을 받기로 했다는 이야기도 곁들였다. 망설이던 나는 김지석 교수의 열정과 의지에 마음이 흔들렸다.

전임자(곽종원)의 잔여 임기로 1년, 새로 연임 된 지 1년 만에 '자의 반 타의 반'으로 공연윤리위원회(지금의 영상물등급위원회) 위원장직을 사임하고 4개월째 '백수'로 있었던 때였기에 새로운 일에 도전해 보려는 마음이 앞서기도 했다.

이들이 부산에서 국제영화제를 만들려고 결정하게 된 배경에는 1992년 6월에 개최된 이탈리아 페사로영화제가 있었다.

1991년 11월 8일 아드리아노 아프라 페사로영화제 집행위원장이 스위스 바젤에 거주하는 임안자 씨와 함께 내가 사장을 맡고 있었던 영화진흥공사를 찾아왔고 한 달간 서울에 체재하면서 100편을 본 후 임권택 감독의 영화 〈만다라〉(1981) 등 9편을 포함, 김기영 감독의 〈하녀〉(1960), 유현목 감독의 〈오발탄〉(1961) 등 30편을 선정해서 다음 해 열리는 제38회 영화제에서 '특별전'을 개최했다. 이와 함께 이장호, 배창호, 박광수 감독과 배우 안성기, 평론가 이효인, 특별전 책

▶ 부산국제영화제 창설을 앞두고 서울에서 '참여와 성원'을 다짐하며 모인 BIFF 패밀리들. 왼쪽부터 임권택, 노영심, 저자, 강수연, 박정자, 윤석화.(1996년 9월)

자의 집필을 맡았던 이용관 전양준 김지석 등 영화인 8명과 내 후임 인 윤탁 영화진흥공사 사장도 초청했다.

영화제에 참가했던 이용관 전양준 김지석은 귀국 후 페사로영화제 와 같은 작고 권위 있는 영화제를 부산에서 만들자고 의견을 모으고 준비하던 중 나를 찾아온 것이다.

이들과 합류한 직후인 9월 1일 나는 새로 개국하는 시사영어사의 영어교육전문 케이블방송국 '마이티브이'(MY-TV)의 사장을 민영빈 회장의 장남인 민선식 사장과 공동으로 맡아 운영하게 되었고, 동신 대학교의 객원교수로도 임용되면서 일주일에 두 번은 전남 나주로 가서 강의를 했다.

세 가지 직책을 동시에 맡게 되자 오전에는 방송국에 출근한 후 오후에는 항공편으로 부산이나 나주로 가서 회의를 하거나 강의를 한 후 심야 우등고속버스로 서울에 올라와 바로 방송국에 출근하는 일이 잦아지면서 나는 매일 초인적인 일정을 소화해야 했다.

영화제 창설을 앞두고 무엇보다 먼저 경성대학교 주윤탁 교수와 김사겸 감독을 중심으로 한 영화계 인사들, KBS, MBC, 부산방송(KNN) 등 3개 방송국과 부산일보, 국제신문 등 2개 신문사의 사장, 임원과 편집·편성국장 및 부장, 그리고 부산일보 김은영 기자를 포함한 영화담당기자들을 집중적으로 만나서 영화제 성원을 부탁했다.

그 결과 제1회 영화제부터 부산의 모든 언론매체가 영화제를 대대적으로 보도함으로써 영화제가 성공할 수 있는 기반을 구축할 수 있었다.

또한 문화공보부 기획관리실장 때 자주 만났던 오세민 국회 예산결산특별위원회 수석전문위원이 마침 부산시의 정무부시장을 맡고 있었기 때문에 그를 통해 문정수 시장을 소개받았고 부산시의 행정적, 재정적 지원도 약속받을 수 있었다.

둘째로, 박광수 감독을 부집행위원장으로 영입했고, 이용관(한국영화), 김지석(아시아영화), 전양준(세계영화)을 프로그래머로, 오석근 감독을 사무국장으로 선임했다. 서울을 방문한 영국 영화평론가 토니 레인스가 자문위원으로 준비팀에 합류하면서 우리는 임시사무실인 마이 티브이와 강남의 음식점을 전전하면서 새로 창설하는 영화제의 성격, 규모, 장소, 추정예산 등을 집중적으로 논의했다.

> 66
>
> *파라다이스호텔이 약속했던 5억원*
> *의 협찬은 연말에 취소됨으로서 영화제*
> *예산 확보가 초미의 과제로 대두되었고*
> *그 해결사는 내가 될 수밖에 없었다.*
>
> 99

중국 정부의 압력으로 사임한 홍콩영화제 웡 아인링 프로그래머, 스위스의 임안자, 미국의 임현옥을 프로그램 컨설턴트로 영입했고, 6월 4일 국제세미나에 참석한 샌프란시스코 아시아아메리카영화제 폴 이(Paul Yi) 집행위원장을 집요하게 설득하여 함께 일한 후 영화제가 끝난 다음에 미국으로 가도록 함으로써 많은 도움을 받을 수 있었다.

한편 필립 쉬어 싱가포르영화제 집행위원장에게 부탁, 4월에 개최되는 영화제에 오석근 사무국장과 새로 채용한 김정화를 파견 근무하게 하여 영화제 운영을 체험하도록 했다.

1996년 2월 13일에는 부산시청 회의실에서 문정수 시장을 조직위원장으로, 문화계 및 언론사 대표들을 조직위원으로 하는 사단법인 부산국제영화제조직위원회를 출범시켰고 6월 4일, 부산사무실인 요트경기장에서 현판식을 올렸다.

셋째, 파라다이스호텔이 약속했던 5억원의 협찬은 연말에 취소됨으로서 영화제 예산 확보가 초미의 과제로 대두되었고 그 해결사는 내가 될 수밖에 없었다.

준비과정에서 오세민 부시장이 5천만원을 신용대출로 빌려줌으로써 당장 준비하는 데에 어려움은 없었지만, 결과적으로 22억원의 예산이 투입된 가운데 부산시의 보조는 3억원에 그쳤고 극장 입장료 수입 4억원을 제외한 15억원은 협찬에 의존할 수밖에 없었다.

1996년 5월 22일 11시, 나는 박광수 부원장과 대우개발의 정희자 회장을 찾아가 협찬을 부탁했다. 공연윤리위원장을 맡고 있을 때 윤리위원으로 위촉해서 함께 일했기 때문에 친숙했고, 정 회장의 부군인 김우중 회장은 고교동기여서 3억원의 지원을 받을 수 있었다.

고교 후배인 조규영 중앙산업 회장으로부터 부인인 배우 정윤희 이름으로 1억원, 배우 고은아의 부군인 합동영화사 곽정환 회장으로부터 1억원, 제일제당과 파라다이스호텔, 한일그룹, 협성기업에서 각각 1억원의 협찬을 받았다.

부산의 기업인 100명을 파라다이스 호텔에 초청 '부산국제영화제 후원의 밤' 행사를 마련한 후 김동건 아나운서, 김지미, 남궁원, 윤일봉, 강수연 배우와 임권택 감독이 모금행사에 참석, 협찬을 권유함으로써 고려산업, 동성화학, 진영수산, 동성여객, 자유건설, 우성식품, 유니크. 태화백화점 등 8개 기업에서 2억원을 협찬하는 등 모두 4억원이 모아졌다.

넷째, 프로그래머들은 베를린, 홍콩, 칸영화제에 참석하여 영화 선정과 초대 작업을 진행했고 나는 주로 영화인들을 만나 부산국제영화제의 창설을 알리고 그들을 초청하는 일에 주력했다.

특히 칸에서는 1988년 몬트리올에서 만났던 피엘 리시앙의 소개로 질 자콥 집행위원장을 비롯한 많은 영화인을 만났고, 5월 11일 전통식당인 '가브로슈'에서 칸의 선정위원인 막스 테시에, 베를린의 울리히 그레고르, 낭트의 알랭 잘라도, 몬트리올의 세르즈 로지크, 뮌헨의 클라우스 에더, 로테르담의 사이먼 필드 등 15명의 집행위원장과의 오찬 회동을 주선하고 이들의 전폭적인 지원을 다짐받음으로써 영화제의 성공에 대한 자신감을 갖게 된 것은 큰 성과였다.

| 창설 6년 만에 아시아 대표 영화제로 공인

영화제 개막일이 다가오면서 수영요트경기장에 마련한 야외상영장에는 스위스에서 임차한 6층 높이의 대형 스크린이 세워졌고 남포동에는 '피프(PIFF) 광장'이 조성되었다. 드디어 개막 전날, 미포에서 부산 부두를 오가는 유람선에서 개막영화에 대한 선상 기자회견이 열렸고 저녁에는 피프 광장에서 전야제가 열렸다.

각고의 노력 끝에 9월 13일 개막한 부산국제영화제는 21일까지 9일간, 31개국 169편의 영화가 상영되었고 18만 4천 명의 유료 관객이 참여함으로써 첫 회부터 성공을 거둘 수 있었다.

나는 준비과정에서 문정수 시장에게 매주 관사에서 조찬회의를 하

▶ 감독들로부터 명예감독증과 디렉터 체어 수상 후 감독들과 기념사진 왼쪽 다섯번 째가 고 유현목 감독, 일곱번 째가 임권택 감독, 열번 째가 정일성 촬영감독. 기념사진.(2005년 10월)

▶ 2001년 베를린에서 열린 영화제 정상회의. 왼쪽부터 제프리 길모어(선댄스), 스테파노 델라 카사(유럽영화
제),에바 자오라로바(카를로비바리),알베르토 바르베라(베니스), 디어터 코슬릭(베를린), 테렐 말콤(비평가연
맹), 이레네 비냐르디(로카르노), 산드라 덴 하머(로테르담), 저자, 미켈 올리치레네(산 세바스티안 영화제), 피
어스 핸들링(토론토)

자고 제의, 주무관부터 계장, 과장을 거쳐 국장까지 올라가는 관료적
인 결재과정을 단축함은 물론 '지원은 하되 간섭은 배제'한다는 원칙
을 제도화시켰다.

특히 제1회 영화제 개막식에서 대통령의 영상메시지만 상영한 후
참석한 장관과 정치인의 축사를 배제했고, 대선이 있었던 제2회 영
화제 때는 부산국제영화제에 참석한 김대중 야당 후보와 이회창 여
당 후보의 소개나 무대인사를 모두 거절함으로써 정치적인 중립을
지켜나가는 전통을 세웠다.

제6회 영화제가 끝난 2001년 12월 1일 유럽연합(EU) 산하 유럽
아카데미가 주최한 세계영화제 집행위원장들의 '정상회의'에 칸, 베
를린, 베니스, 선댄스, 토론토, 카를로비바리, 산세바스찬, 로테르담

과 함께 부산국제영화제가 초청받음으로써 창설 6년 만에 아시아권을 대표하는 영화제로 공인받게 되었다.

부산국제영화제의 빠른 성공은 매년 나를 포함해서 200여 명의 스태프, 800여 명의 자원봉사자의 열정과 헌신적인 노력이 결집한 결과였고 부산시민과 관계기관 및 언론의 적극적인 성원이 뒷받침되었기 때문에 가능했다.

특히 영화제 창설부터 퇴임까지 15년간은 물론 그 후에도 한결같이 전폭 성원해 준 고 강수연과 임권택 안성기 박정자 손숙 윤석화 노영심 등 여러분이 계셨기에 오늘의 내가 있다고 믿는다.

회고전 10

화려한 퇴장

| 세계적인 여배우 '미스터 김과 춤추러왔다' 송별파티 참석

 2010년 10월 7일 제15회 부산국제영화제 개막식장에서 피아니스트 노영심은 무대에서 퇴임하는 나를 위해 직접 작사·작곡한 '당신의 이 순간이 오직 사랑이기를'을 연주했고 이에 맞춰 무대에서는 가수 윤건이, 영상으로는 배우 엄정화 문소리 예지원 김남길 황정민이 함께 노래했다. 애조 띤 이 노래는 개막식장을 메운 6천여 관중의 심금을 울렸다. 대형화면에는 지난 15년간 활동했던 내 모습이 소개되었고, 장이모우 감독의 개막영화 〈신사나무 아래에서〉가 상영되기 직전에 상영된 애니메이션 트레일러(연상호 감독 제작)에는 택배 오토바이 뒷좌석에 앉아 남포동에서 해운대를 거쳐 개막식장에 도착하는 내 모습이 담겼다.

 대만 정부가 주최한 대만파티에서는 시작과 함께 불이 꺼지면서 부산을 찾았던 대만 감독들의 나에 대한 헌사(獻辭)가 영상으로 소개되었고, 불이 켜지면서 〈음식남녀〉(1994), 〈애정만세〉(1994) 등에서 열연한 대만의 대표적인 여배우 양구이메이(楊貴媚)가 한복을 입고 우리말로 '사랑해 당신을' 부르면서 무대에 등단, 나를 무대로 불러 올려 함께 춤을 추었다. 허우 샤오시엔, 차이밍량 감독은 대만 정부의 감사패를 주었다. 제니퍼 자오 타이페이 영상위원회 위원장이 연출한 깜짝 이벤트는 내 눈시울을 젖게 했다.

| '영화의전당' 준공 1년 앞두고 물러나다

독립영화인들이 밤새워 즐기는 '와이드앵글파티'에서는 젊은 영화인들이 나를 무등 태워 장내를 돌았고, 때맞춰 파티에 온 프랑스 여배우 줄리엣 비노쉬는 마이크를 잡고 "나는 배우로 이곳에 온 것이 아니고 미스터 김과 춤추러 왔다"라고 말하면서 나와 함께 한 시간 이상 춤을 추었다.

티에리 프리모 칸영화제 집행위원장, 베로니크 칼레 프랑스 국립영화원(CNC) 회장 등이 함께 어울렸다. 〈퐁네프의 여인들〉, 〈프라하의 봄〉으로 우리에게 친숙한 줄리엣 비노쉬는 크쥐시토프 키엘슬로프스키의 〈블루〉(1993)로 베니스영화제에서, 안소니 민켈라 감독의 〈잉글리쉬 페이션트〉(1997)로 베를린영화제에서, 압바스 키아로스타미 감독의 〈증명서〉(2009)로 칸영화제에서 각각 여우주연상을 받은 세계적인 여배우다. 그녀가 내 퇴임에 맞춰 부산을 찾아 나와 함께 춤췄다는 것은 평생 잊을 수 없는 추억이다.

다음 날 밤에는 티에리 프리모 칸영화제 집행위원장, 허우 사오시엔 대만 감독, 사이먼 필드 전 로테르담영화제 집행위원장, 피터 반 뷰런 네덜란드 언론인(작고), 논지 니미 부트르 태국 감독 등 타이거 클럽 멤버들이 모여 밤새도록 송별파티가 열렸다. 더없이 감동적이

▶ 개막식 다음날 개최된 영화배우들 파티에서 여배우들에게 환송을 받고 있는 저자.(2010년 10월 8일)

▶ 제15회 부산국제영화제 기간 중 열린 와이드앵글파티에서 젊은 영화인들이 저자를 무등 태우고 실내를 돌고 있다. (2010년) (ⓒ 정상진)

고 화려한 퇴장이었다.

퇴임을 하면서 영화제 기행을 담은 『영화, 영화인 그리고 영화제』(문학동네 발행)와 영문판인 『MR. KIM Goes to Festival』 두 권의 책을 발간했고, '열정'이란 이름으로 해외에서 찍은 '사진전'을 개최했다.

나는 2005년 제10회 영화제를 끝으로 퇴임하려고 했지만, 당시 심혈을 기울여 추진했던 '영화의전당' 건립사업이 한창 진행되고 있었기 때문에 미루었다.

영화제 초창기, 극장을 대관하려면 '추석 대목'을 피해 추석 직전에 영화제를 끝내거나 추석 3주 후에 시작하도록 영화제개최 일정을 맞출 수밖에 없었고, 이로 인해 영화제 개최 일자는 9월에서 11월까지 매해 달라질 수밖에 없었다.

▶ 와이드앵글파티에서 프랑스 배우 줄리엣 비노쉬와 함께 춤추고 있는 저자. (ⓒ 정상진)

이에 나는 영화제의 전용상영관 건립에 착수, 여론조성과 예산 확보에 나섰다.

대통령선거를 앞둔 2002년 11월 한나라당 이회창, 민주당 노무현, 국민통합21 정몽준, 민노당 권영길 등 4당 후보로부터 '부산국제영화제 전용관 건립'을 대선공약으로 채택토록 교섭했고, 노무현 대통령이 취임하자 대선공약을 근거로 기획예산처에 건립비 100억원을 요구했지만 반영되지 못했다.

2003년 9월 5일 부산을 방문한 다수당인 한나라당 최병렬 대표에게 건의, 40억원을 국회 예결위에서 반영해 주기로 약속받았다. 9월 7일 부산을 찾은 노무현 대통령에게 다시 건의함으로서 2004년 예산에 40억원의 용역 및 설계비가 책정됨에 따라 정부 및 지방비를 합한 460억원 규모의 전용관 건립에 착수할 수 있게 되었다.

나는 새로 조성하는 전용관이 시드니 오페라하우스나 스페인 빌바오의 구겐하임미술관처럼 부산의 랜드마크가 될 건물을 조성하고 싶었다. 설계자선정을 앞두고 해외 중진건축가 7명을 대상으로 '지명경쟁 입찰'방식을 고집, 관철시켰고, 응모작품을 대상으로 2005년 10월 6일, 해운대 그랜드호텔에서 국제심사위원과 부산시민이 동참한 가운데 공개 설명회를 개최한 후 오스트리아 건축가 쿱 힘멜브라우가 선정되었다.

예산은 560억원인데 건축비는 1,200억원으로 늘어났고, 한국개

발연구원(KDI)의 예비타당성 검토를 거쳐 국비 약 700억원의 지원이 결정된 후 마지막 단계에서 허남식 시장이 나머지 예산은 시에서 부담하겠다고 결단을 내림으로써 2008년 10월 2일 기공식을 하고 본격적인 공사에 착수할 수 있었다. 예산 확보에 3년이 걸리면서 1,720억원이 투입된 '영화의전당'이 내가 퇴임한 후인 2011년 10월 개관하게 되었다. 예산 확보과정에서 당시 문화부 박양우 기획관리실장, 기획예산처 장병완 차관, 신철식 정책홍보관리실 실장, 김대식 국장, 예비타당성 검토를 맡았던 KDI의 현오석 원장 등 많은 분의 도움을 받았다.

나는 영화의전당은 후임 집행위원장이 운영하는 것이 옳다고 판단 준공 1년을 앞두고 물러났다.

┃ 행사 때 택배 오토바이를 타고 신속하게 이동하는 촌극도

부산국제영화제 15년간 나는 최선을 다해 일했고, 모든 열정을 쏟아 부었으며, 많은 일화도 남긴, 내 삶의 전성기였다.

제1회 영화제 행사가 끝난 밤 12시, 부산호텔을 나오니 음식점들이 모두 문을 달아 '뒤풀이'할 장소가 없었다. 나는 호텔 앞 길가에 신문지를 깔고 근처에 있던 포장마차를 부른 후 거리에 앉아 외국 게스트들과 술자리를 마련하고 밤새도록 환담했다. 이렇게 시작된 '스트리트 파티'는 2회, 3회를 거치면서 많은 영화사가 거리에 돗자리를 깔고 파티를 함으로써 부산국제영화제만의 '명물'이 되었다.

1998년(제3회) 9월 28일 저녁 9시에는 남포동 극장에서 중국 지아장커 감독의 〈소무〉가 상영되었고, 10시에는 해운대에 있는 파라

당시 부산의 교통상황으로는 불가능해서 고심 끝에 택배회사에
전화, 짐 대신 나를 뒤에 태워 배달해 달라고 부탁했다. 넥타이 정장
차림으로 헬멧을 쓰고 자전거보다 조금 나은 택배 오토바이 뒤에 앉
아 위험을 무릅쓰고 부산 시내를 달려 두 행사를 주관할 수 있었다.

다이스호텔에서 '프랑스의 밤' 행사가 열렸다. 나는 남포동에서는 지
아장커를, 해운대에서는 주한 프랑스대사를 비롯한 프랑스대표단을
소개해야만 했다.

당시 부산의 교통상황으로는 불가능해서 고심 끝에 택배회사에 전
화, 짐 대신 나를 뒤에 태워 배달해 달라고 부탁했다. 넥타이 정장 차
림으로 헬멧을 쓰고 자전거보다 조금 나은 택배 오토바이 뒤에 앉아
위험을 무릅쓰고 부산 시내를 달려 두 행사를 주관할 수 있었다. 영
화제의 주 무대가 해운대로 옮긴 3년 동안 나는 택배 오토바이를 자
주 이용함으로써 화제를 뿌렸다.

초창기 조선비치에서 미포에 이르는 해변에는 포장마차가 길게 자
리하고 있었고, 국내외 영화인들이 삼삼오오 둘러앉자 밤을 지새우
며 담소하는 명소였다. 나는 영화제 일정이 끝나면 하루도 빠짐없이
모든 포장마차를 차례로 순방하면서 자정부터 새벽 3시까지 소주 한
잔씩 주고받으면서 부산을 찾은 국내외 게스트들을 만났다. 매일 소
주 100잔에서 150잔을 마신 셈이다.

이를 두고 내가 퇴임했을 때 언론에서는 '술로 영화제를 성공시켰

다.', '술로 세계영화계를 제패했다'라는 기사까지 나왔고, 중국 왕가 위 감독과 일본 다케시 기타노 감독은 "본인이 일 년 마실 술을 하룻 밤에 나와 함께 마셨다"라고 회고했다. 이처럼 몸을 사리지 않고 뛰 었던 15년이었다.

ㅣ짧은 기간에도 부산국제영화제가 성공할 수 있었던 요인들

부산국제영화제가 짧은 기간에 아시아 정상의, 세계적인 영화제로 급성장 하게 된 것은 무엇보다도 '아시아의 신인 감독을 발굴하고 그 들의 영화제작을 지원한다'는 영화제의 일관된 목표와 이를 뒷받침 하는 프로젝트가 적중했기 때문이었다.

첫째, 한국을 포함한 아시아 신인 감독의 영화를 소개하고 시상하 는 '뉴 커런츠'부문을 창설, 운영했다. 홍상수 감독의 〈돼지가 우물 에 빠진 날〉(제1회), 이창동 감독의 〈초록물고기〉(제2회), 중국 지아 장커 감독의 〈소무〉(제3회) 등 역량 있는 아시아 감독들의 첫 영화가 부산에서 소개된 후 세계로 진출하는 창구역할을 했다.

둘째, 좋은 기획은 있으나 돈이 없어 영화제작을 못 하고 있는 아 시아 감독들을 위해 부산프로모션플랜(PPP)을 운영했다. 후에 아시 아프로젝트마켓(APM)으로 이름이 바뀐 이 사업은 아시아의 감독이 나 제작자들이 영화제작 기획을 제출해서 선정되면 부산에서 투자자 들을 만나서 영화를 제작할 수 있도록 중계하는 프로젝트마켓이다.

1997년 국제회의를 거쳐 제3회 영화제부터 시행한 이 프로젝트를 통해서 첫해에 선보인 이란의 자파르 파나히 감독의 '순환'(Circle)은

▶ 내가 퇴임할 때의 부산국제영화제 스태프들.(2010년) (ⓒ 부산국제영화제)

부산에서 투자자를 만나 영화를 완성한 후 베니스에서 대상을 받았고, 다음 해에 선정된 중국의 왕 샤오슈아이 감독의 '북경자전거'는 베를린에서 감독상을 받음으로써 아시아 감독들이 다투어 참여하는 대표적인 사업이 되었다.

또한 2005년(제10회)에는 감독을 양성 배출하는 아시아영화아카데미를 창설 운영했고, 부산에 있는 각 대학교의 협찬을 받아 '아시아필름펀드'를 조성하여 아시아 감독들의 영화제작을 사전 지원하기 시작했다.

이러한 사업들을 통해 부산국제영화제는 아시아를 대표하는 영화제로 도약할 수 있었다.

그러나 무엇보다도 부산국제영화제를 통해 칸, 베를린, 베니스 등 세계영화계로 진출하고 잇달아 수상하기 시작하면서 오늘날 한국영화가 전 세계에서 주목받고 각광받는 기반을 마련할 수 있었던 것이 가장 큰 성과였다고 확신한다.

함께 창설하고, 15년간 함께 열정을 바친 고(故) 김지석(2016년 칸에서 별세), 이용관, 전양준과 혜안(慧眼)을 갖고 좋은 영화와 프로젝트를 선정해 준 역대 프로그래머들, 헌신적으로 일해 준 오석근을 비롯한 스태프들과 자원봉사자들, 무엇보다도 영화제를 성원하고 참여해 준 모든 분께 깊은 감사를 드린다.

내가 국내외 언론과 영화계의 집중 조명을 받으며 화려하게 퇴임할 수 있었던 것은 영화제가 급속하게 성장하는 정점(頂點)에서 스스로 물러났기 때문이었다고 믿는다.

SCENE 2

> 나는 1980년 8월부터 1988년 4월까지 8년간 문화공보부 기획관리실장을 지냈다. 최장수 기획관리실장의 기록이다. 이광표 이진희 이원홍 이웅희 정한모 등 다섯 장관을 모셨다. 문화예술진흥원장을 지낸 시인 정한모 장관 이외에는 모두 언론사 사장 출신의 개성이 강한 분들이다. 그리고 김은호 허문도 박현태 김윤환 최창윤 등 다섯 분의 차관을 모셨다.

영화와의 첫 인연,
영화진흥공사

▎낙하산인사 오명 씻으려 밤낮없이 영화인들 만나

나는 1980년 8월부터 1988년 4월까지 8년간 문화공보부 기획관리실장을 지냈다. 최장수 기획관리실장의 기록이다. 이광표 이진희 이원홍 이웅희 정한모 등 다섯 장관을 모셨다. 문화예술진흥원장을 지낸 시인 정한모 장관 이외에는 모두 언론사 사장 출신의 개성이 강한 분들이다. 그리고 김은호 허문도 박현태 김윤환 최창윤 등 다섯 분의 차관을 모셨다.

김은호 차관을 제외하고 모두 국회의원 등 요직에 있다가 차관으로 부임한 후 장관으로 승진한 '장관급 차관'들이다. 이분들을 모시고 나는 8년간 기획관리실장의 자리를 지켰다.

1988년 2월 25일 노태우 대통령이 취임하면서 최병렬 장관과 강용식 차관이 부임했다. 나는 4월 4일 때마침 임기가 끝나는 영화진흥공사(이하 '공사') 사장으로 발령을 받았다. 28년의 공직생활을 마감하고 영화계로 발을 들여놓은 첫날인 동시에, 내 인생의 항로를 바꾼 날이다.

영화감독협회(회장 조문진)에서 반대성명이 나왔다. 영화인이 아닌 퇴직 관료를 또다시 임명한 소위 '낙하산'인사라는 것이다.

┃영화감독들, "당장 사표를 내라" 반발

취임식이 끝난 후 자주 다니는 한남동 카페 '가을'에 갔더니 영화제작자인 김원두 사장이 "왜 영화진흥공사에 왔느냐? 당장 사표 내라"고 윽박질렀다.

감독들을 초대한 오찬 자리에서 두 분이 서로 언쟁하더니 밥상을 엎고 나가 버렸다. 나는 정신이 바짝 들었다. "영화판에서 살아남자면 나도 영화인이 될 수밖에 없다"고 다짐했다.

영화계가 반대할 만도 했다. 1973년에 공사가 창설된 후 다섯 분의 사장이 거쳐 갔다. 문화공보부 예술국장을 지낸 초대 김재연 사장을 제외하고 2대 노영서, 3대 장근환, 4대 이진근, 모두 육군본부 정훈감 출신의 예비역 장성이었다. 내 전임 정탁 사장도 국방부 정훈감을 지낸 예비역 소장이었다.

내가 비록 주무 부처에서 근무했다 하더라도 영화인이 아니어서 당연히 반대했던 것이다.

나는 취임한 다음 날부터 밤낮을 가리지 않고 영화인들을 만났다. 4월 6일 10시 아카데미 원장 김소동 감독과 전임교수인 최하원 감독을 만났고, 12시에는 이창근 김소동 김기영 임병호 최금동 황문평 등 원로영화인들과 오찬을 했다.

▶ 원로 영화인 초청 오찬 행사가 한국의 집에서열렸다. 앞줄 왼쪽부터 이창근 감독, 김석민 작가, 배우 황해, 노경희, 김동호 영화진흥공사 사장, 배우 장동휘.(1990년 12월 20일)

▶ 이날 김동호 사장(앞 왼쪽)이 배우 전택이, 한형모 감독과 악수하고 있다.

▶ 이어령 문화부 장관(왼쪽)에게 업무보고를 하는 김동호 사장.(1991년 2월 2일)

4월 8일 조문진 임권택 이상언 고영남 양종해 등 영화감독과 유동
훈 유열 등 시나리오 작가를, 4월 11일에는 유현목 김기덕 최하원 이
승구 감독을 점심에 초대했다. 13일에는 제작자인 황기성 이지용 이
태원 강대선 정진우 한갑진 사장을, 14일에는 곽정환 도동환 신성일
박태환 김재웅 사장과 오찬을 나눴다.

| '천상의 별이 된 강수연 명복 빌어'

15일에는 호현찬 안병섭 김종원 이영일 허창 김진한 평론가를, 18
일에는 노경희 윤양자 정일성 이성춘 김남진 김강일 등 원로배우와
촬영 감독을 각각 오찬에 초대하고 의견을 들었다. 지금은 많은 분이
타계하셨지만.

나는 오찬을 제외한 시간에는 영화단체를 순방하면서 현안 사항에

관해 의견을 수렴했고, 영화기자들을 개별적으로 만나 의견을 청취했다. 4월 19일에는 언론사 논설위원단을 오찬에 초대했다.

영화계의 의견을 토대로 나는 영화진흥계획을 세웠고, 5월 16일 정한모 문화공보부 장관에게 보고한 후 시행에 옮겼다.

소재 및 시나리오 공모사업, 영화평론지 창간 지원, 소형영화 활동 지원, 필름보관소 독립 법인화(오늘의 영상자료원), 대종상영화제의 영화인협회 이관 등이 새로 시행된 정책들이다.

나는 원로영화인과 단체장뿐 아니라 젊은 감독들과 자주 어울렸다, 1990년 1월 19일 신승수 장길수 장선우 박광수 유진선 유영진 진유영 박종원 곽재용 감독을 초대해서 저녁을 샀다.

2월 1일에는 이세민 강우석 김정진 안재선 정찬우 이미래 감독을 저녁에 초대했다.

2월 24일에는 이른바 '15인회' 감독들- 박철수 장선우 김정현 박광수 이장호 정지영 이명세 손경식 김유진 강우석 감독들을 저녁에 초대했다. 이들은 후에 '오영감'(오늘의 감독)으로 불리기도 했지만…

그뿐만 아니라 영화계의 크고 작은 모든 행사에 참석했고, 영화인의 경조사는 원근과 친소를 가리지 않고 참석했다.

재임 4년간 이렇듯 밤낮으로 영화인들과 어울리면서 나는 '준 영화인'이 되어갔다.

이런 과정에서 나는 '한국영화의 해외 진출'과 '종합촬영소의 건립'이 가장 중요한 당면과제임을 깨달았다. 나는 임기 중에 이 두 과제에 집중하기로 했다.

한국영화를 해외에 알리기 위해서 나는 몬트리올, 모스크바 등 중요한 국제영화제에 대표단을 구성하여 참여했다.

몬트리올영화제에서는 신혜수가 여우주연상을, 모스크바영화제에서는 강수연이 여우주연상을 받았다. 강수연은 1987년 베니스에 이어 세계 4대 영화제로 인정받고 있던 모스크바영화제에서 연달아 여우주연상을 받음으로써 사상 최초로 '월드스타'가 되었다.

그 후 33년간 강수연과 나는 부녀처럼, 남매처럼, 친구처럼 격의 없이 지내왔다. 21세의 너무 젊은 나이에 왕관을 쓴 것이 '멍에'였을까, 그녀는 '월드스타'의 품위를 지키기 위해 절제하면서도 강인하게 살아왔다. 돌아가신 부모와 큰오빠를 모시고 여동생을 돌보면서 억센 가장으로 힘들게 살아왔다. 강수연은 2022년 5월 5일 뇌출혈에 의한 '심정지' 상태로 병원 응급실로 실려가 5월 7일 55세의 젊은 나이로 끝내 타계했다. 나는 '영화인장'의 장례위원장을 맡아 그를 스타로 만든 임권택 감독과 함께 빈소를 지키면서 '천상의 별'이 된 고인을 애도했다.

이와 함께 한국과 국교를 수립한 소련, 헝가리, 루마니아와 우즈베키스탄, 카자흐스탄에 '한국영화주간' 행사를 마련해서 순회 상영했다.

해외영화제에서 수상할 경우, 제작사에 보상금을 수여하고, 관련 영화인에게 훈장과 포장을 수여하는 것을 제도화했다.

내가 영화진흥공사에 부임했을 때 공사는 존폐위기에 직면해 있었다. 외화 수입의 대가로 영화제작사가 내는 영화진흥기금이 공사의 유일한 수입원이었다. 그런데 영화법개정(1985.12.31)으로 1986년 7월 1일부터 영화의 제작 및 수입이 자유화되면서 영화진흥기금이

> 66

그 후 33년간 강수연과 나는 부녀처럼, 남매처럼, 친구처
럼 격의 없이 지내왔다. 21세의 너무 젊은 나이에 왕관을 쓴
것이 '멍에'였을까, 그녀는 '월드스타'의 품위를 지키기 위해
절제하면서도 강인하게 살아왔다. 돌아가신 부모와 큰오빠를
모시고 여동생을 돌보면서 억센 가장으로 힘들게 살아왔다.

> 99

사실상 폐지되었다.

종전까지 영화제작과 수입은 20개 영화사에 국한되어 있었다. 외국영화 수입은 각 사에 1편씩 허용하되 편당(수입쿼터) 1억원의 영화진흥기금을 내게 하였다. 또 대종상에서 수상한 작품에 대해서는 외화수입 쿼터 1편씩 부상(副賞)으로 수여하고 1억 5천만원의 진흥기금을 거뒀다.

이렇게 갹출한 진흥기금이 연간 30억원 정도였는데 외국영화 수입이 개방되면서 진흥기금을 거둘 수 없게 된 것이다.

| 공사 세입 구조 전면 개편, 존폐 위기 극복

공사가 살길은 국고보조 기관으로 전환하는 것뿐이었다. 문화공보부와 예산 당국인 경제기획원을 찾아다니며 설득했고 그 결과 1989년에 신규로 25억원, 1990년에 56억원의 정부예산을 처음 확보할 수 있었다.

이와 함께 극장모금으로 조성되고 있었던 문화예술진흥기금 중 공사에 대한 지원금을 종전의 10억원에서 1988년 25억원, 1989년 40억원. 1990년 50억으로 대폭 늘려나갔다.

이처럼 공사의 세입 구조를 전면 개편함으로써 공사의 존폐 위기를 극복할 수 있었을 뿐 아니라 공사의 사업을 크게 확장할 수 있었다.

나는 3년의 임기가 끝난 후 1991년 4월, 3년 더 연임되었다. 연임된 후 8개월쯤 지난, 1991년 12월 20일 개각으로 이수정 대통령 공보수석 비서관이 문화부 장관으로 부임했다.

이수정 장관은 한국일보 기자출신으로 1971년 6월 취임한 윤주영 문화공보부 장관의 비서관으로 정부에 몸을 담은 후 주영 공보관, 주네덜란드 공보관과 해외공보관의 기획 및 문화부장을 거쳐 공보국장(1979.12.20~1980.3.31)을 역임한 분이다. 함께 근무했기에 서로가 잘 아는 사이였다.

1992년 1월 21일 10시 30분 영화진흥공사에 대한 업무보고가 끝난 후 12시 근처 식당으로 옮겨 두 시간 가까이 장관과 오찬을 함께했다. 장관께서는 전관 개관을 1년 앞둔 '예술의전당'의 운영에 관해 내 의견을 들었다. 한 달쯤 지난 2월 25일, 나는 '이사장' 중심의 운영체제에서 '사장' 중심의 책임 경영체제로 바뀐 예술의전당의 초대 사장으로 부임했다.

취임하면서 나는 부서별로 저녁을 사면서 직원들의 의견을 청취했다. 문화계 인사들의 자문을 받아 전관 개관 후의 예술의전당 운영방안을 마련했고, 장관 보고를 거쳐 4월 20일 정원식 국무총리에게 보고하는 날이다.

오전에 이수정 장관께서 차관으로 들어와서 함께 일하자고 전화가 왔고, 오후에 문화부 차관으로 발령받았다. 예술의전당으로 간 지 두 달이 채 안 되어 차관으로 복귀한 것이다. 옷을 벗고 나갔다가 다시 들어오는 예는 흔치 않은 일이다. 당시 동아일보에 '꺼진 불도 다시 보자'라는 기사가 났다.

▶ 몬트리올영화제에 참석한 한국대표단. 왼쪽부터 임권택 감독, 배우 신혜수,
세르즈 로지크 영화제 집행위원장, 저자, 공사 전문위원.(1988년)

회고전 12

남양주 종합촬영소 건설

| 인맥 총동원, 소주 마시며 주민설득 'K 시네마 요람'

영화진흥공사 사장으로 부임하면서 나는 영화계의 오랜 숙원사업인 종합촬영소의 건립에 착수했다. 기왕에 지을 바에는 부지 10만 평이상의 땅에 현대식 시설을 갖춘 대형 촬영소를 조성하기로 하고 부지부터 찾기 시작했다.

나는 문화공보부 시절 서울, 경기, 충남·북 일원을 돌아다니며 독립기념관, 예술의전당, 국립현대미술관의 부지를 각각 선정했던 경험을 갖고 있었다.

1989년 3월부터 틈나는 대로 총무부의 정남헌 차장과 함께 서울을 중심으로 사방 100리 일대를 돌아다녔다.

1989년 3월 15일 고양군 산림과에 들러 국유지와 경기도 소유지 현황을 알아본 후 공릉, 장현. 일영 일대를 돌아다녔다. 3월 16에는 남양주 군수를 만난 후 퇴계원, 광릉, 양수리 일대를 답사했다. 이어서 곤지암, 천진암, 수원, 시흥, 용인, 여주 일대도 뒤졌다, 적지라고 생각되면 임권택 감독과 정일성 촬영감독, 건축가 김원과 함께 다시

▶ 비가 내리는 가운데 남양주종합촬영소 기공식이 열렸다. 앞줄 왼쪽부터 이용선 국회의원, 저자,
　이어령 문화부 장관, 노재봉 총리, 이민섭 국회 문공위원장.(1991년 4월 17일)

▶ 남양주 종합촬영소 공사 현장, 왼쪽부터 설계자 김원, 두 사람 건너 저자,
　임권택 감독, 윤탁 영화진흥공사 사장

찾아가서 자문을 받았다.

마침내 4월 21일 지인의 소개로 남양주군 조안면 삼봉리의 현 위치를 발견했다.

4월 24일, 공사의 임원, 임권택 감독, 정일성 촬영감독, 건축가 김원과 현장을 답사했다. 그 후 문체부 국·과장을 현장에 안내했다. 모두 적지라는 의견을 모은 후에 촬영소 후보지로 확정했다.

| 매입한 부지가 한강 상수원보호구역으로 묶여 건축허가에 난관이

약 40만 평의 후보지 매입은 공사가 부담하고 건축비는 정부예산으로 충당하되, 토지매입 비용은 공사 사옥을 매각하여 충당한다는 원칙을 세우고 '종합촬영소건립 기본계획'을 마련했다.

1989년 5월 17일 문체부에 보고했고, 5월 23일 장관의 승인을 거쳐 청와대에 상신했지만, 서류는 장병조 문화비서관에게 막혀 있었다. 나는 그와 대구 경북고 동문인 임병렬 총무부장과 선배인 영화배우 강신성일로 하여금 장병조 비서관과의 자리를 마련했다. 종합촬영소 건립에 회의적이었던 그는 적극적으로 찬성하는 쪽으로 바뀌면

▶ 촬영소 현장에서 설계자
김원과 함께

서 건립계획은 7월 10일 대통령께 보고, 확정되었다.

 나는 부지 매입에 착수해 6월 5일, 400,240평(1,323,100제곱미터)의 부지를 74억 7,681억원에 매입하기로 계약을 체결했다. 그리고 부지 매입을 위해 남산에 있는 공사 사옥을 매각했다.

 이 건물은 1961년 준공되어 KBS-TV가 사용하다가 1976년부터 공사가 사용하고 있던 건물이다.

 공개입찰 결과 1, 2차 유찰 끝에 1989년 12월 15일, 3차 입찰로 개인(박만송)에게 90억 5,100만원에 낙찰되었다.

 종합촬영소 건설을 위해서는 건립 부지에 대한 건설부의 '국토이용계획 변경 승인'을 받아야 했다. 그런데 토지를 매입한 지 얼마 지나지 않아 이 지역 일대가 한강 상수원보호구역으로 묶이면서 건축허가를 받는 일이 거의 불가능하게 되었다.

 나는 1989년 10월 16일, 문화공보부 입사 동기이며 '절친'인 이용권 실장과 함께 이재창 환경청장을 만났다. 셋은 서울법대 동기였다.

 이재창 청장에게 종합촬영소 건립의 필요성을 설명한 후 이를 위해 남양주군 조안면 삼봉리에 40만 평의 땅을 샀다고 했더니 놀라면서 "그 지역은 상수원 핵심 권역이라 아무것도 짓지 못한다고 당장 해약하라"고 했다.

 나는 순간 눈앞이 캄캄해졌지만 '정면 돌파'로 난관을 헤쳐 나갈 수밖에 없었다.

 먼저 허가 절차를 밟기 전에 만일의 경우에 대비, 전문가를 일본에 보내 후지필름의 폐수처리시설인 '리사이클링 시스템'을 보고 와서

▶ 기공식 왼쪽부터 조경희 예술의전당 이사장, 강선영 국회의원, 미상, 이어령 장관, 노재봉 총리, 이민섭 국회문
공위원장, 미상

설계에 반영시키도록 했다.

또한 환경영향평가 대상은 아니었지만 '호서수질연구소'에 용역을
주어 환경영향평가를 미리 받아 놓았다. 1990년 2월에 접어들면서
국토이용계획 변경 승인 절차를 밟기 시작했다.

먼저 예종수 남양주 군수를 관저로 찾아가 취지를 설명하고 협조
를 구했다. 그는 흔쾌히 수락했다. 3월 8일에는 군의 과장과 전 직원
에게 저녁을 샀다. 그런데 허가를 받기 위해서는 삼봉리마을 전 주민
의 동의가 필요했다.

7월 23일 낮 11시 30분 마을회관에 전 주민을 모아놓고 종합촬영

소의 건립 취지를 설명하고, 요구사항을 들은 다음 점심을 대접했다. 100여 명을 상대로 소주를 주고받으면서 설득한 결과 주민 전체의 동의를 얻을 수 있었다. 나는 소주 100잔 이상을 마신 후 여흥 자리를 마련해 놓고는 서울로 돌아왔다. 이렇게 해서 전 주민과 군의 허가를 받을 수 있었다.

다음은 경기도의 승인을 받을 차례였다. 공교롭게도 "그곳에는 아무것도 건축할 수 없다"라고 반대했던 이재창 환경청장이 건설부 차관을 거쳐 경기도지사로 부임해 있었다. 박부찬 부지사도 같은 서울법대 동기였다. 도지사나 부지사를 찾아가면 될 것도 안 될 것 같았다.

나는 8월 14일 이상용 기획관리실장을 찾아갔다. 이 실장은 내무부 테니스클럽 주장이었고, 나는 문화공보부 주장이었다. 현직 때 여러 차례 운동을 같이해서 잘 아는 사이였다. 이 실장의 소개로 해당 국·과장들을 만나 설득할 수 있었고 협의 과정도 단축할 수 있었다.

각 부서의 협의를 마친 후 10월 16일, 오후 5시, 박부찬 부지사를, 5시 30분에는 이재창 지사를 만나 부탁했다. 이 지사는 "오래전에 포기하라고 했는데…" 하면서 즉답을 피했다. 나는 각 부서의 협의를 다 마쳤다고 말한 후 재가를 부탁하고 나왔다. 내가 나온 후 이 지사는 특별점검 팀을 현지에 보내 확인한 후 두 달이 지난 12월 23일 마침내 재가했다. 서류는 10월 24일 건설부에 접수되었다.

10월 26일 10시 건설부의 주무과인 국토이용계획과를 찾아갔다. 마침 백영기 과장 또한 건설부의 테니스 주장이었다. 백 과장의 적극

▶ 종합현장 방문(공사 임직원. 본인 우측이 김원 설계자.(1989년 9월 6일)

적인 협조로 수도권계획과를 포함한 관련 국·과의 동의를 모두 얻을 수 있었다.

국토이용계획 변경은 건설부가 농림수산부, 산림청, 문화공보부, 환경처(환경청이 환경처로 격상되었음)의 동의를 구하는 협조공문을 보낸 후 동의 회신을 받아야만 승인하게 되어 있었다. 나는 관계부처를 찾아다니기 시작했다.

10월 31일 농림수산부 농지관리과에 찾아간 후 대학 후배인 이병기 차관을 만나 동의를 구했다. 다음은 산림청의 협의를 거쳐야만 했다.

11월 4일(일요일) 오후 4시, 산림청 테니스코트에 최평욱 산림청장과 고건 서울시장, 안상영 해운항만청장이 참석하는 테니스모임을 주선했다. 고건 시장은 경기고교 동기면서 죽마고우이고, 안상영 청장도 잘 아는 사이였다.

특히 보안사령관 출신인 최평욱 청장은 문화공보부에 함께 들어온 김치곤 국장의 동향(경남 김해) 친구인데다가 둘 다 테니스를 좋아해서 그날의 시합을 주선할 수 있었다.

| 1991년 4월 기공식, 1993년 11월 12일 개관

운동이 끝난 후 우리는 근처 '흥릉갈비'로 자리를 옮겨 저녁 식사를 했다. 식사 자리에서 청장에게 협조를 부탁했다. 최 청장은 월요일 출근하자마자 결재한 후 건설부에 동의 회신을 보내 주었다.

문제는 환경처였다. 그동안 환경청(청장은 차관급)이 환경처(처장은 장관급)로 격상되었고, 허남훈 장관이 부임해 있었다. 그 또한 서울법대 동기였다.

11월 5일 수질제도과장을 먼저 만났고 장관을 예방했다.

11월 23일에는 조정평가실장과 차관도 만났다. 주무 계장을 설득하는데 한 달 이상이 걸렸다. 결국 12월 15일, 장관실에서 관계 국·과장이 참석하는 확대 회의를 통해 승인받을 수 있었다.

이렇게 해서 각 부처의 동의 절차를 모두 끝내고 그 결과가 건설부에 접수됨으로서 12월 24일, 건설부의 국토이용계획 변경 고시가 관보에 게재되었다.

토지매입과 국토이용계획 변경 허가를 받은 후 건축허가 절차는 신속하게 진행되었다.

| 예산 확보를 위해 영화 〈부용진〉 시사회에
박준규 등 여러 국회의원을 초청

다음 단계는 건설에 필요한 정부예산을 확보하는 일이다.

문화공보부 기획관리실장 8년의 경력은 예산을 확보하는 데 있어서 특별한 '노하우'를 갖게 해주었다. 나는 공사의 사업예산 증액은 통상적인 경로로 확보하되 종합촬영소 건립에 필요한 신규예산은 국회에서 반영하기로 했다. 나는 이를 위해서 핵심 국회의원이 참석하는 영화시사회를 마련했다.

당시 화제를 모으고 있는 중국 세진(謝晉) 감독의 〈부용진〉을 호암아트홀에서 상영하면서 박준규 당 대표위원, 함종한 국회 문공위원장과 예결위원 몇 분을 초청했고, 영화 상영이 끝난 후 근처 식당에 저녁식사 자리를 마련했다.

박준규 대표를 초청하는 데에는 강신성일의 도움이 컸다. 식사 자리에서 임권택 감독과 강신성일 강수연은 종합촬영소의 필요성을 역설했고 나는 국회 문화공보위원회와 예결위에서 신규로 책정해 줄 것을 부탁했다.

이런 과정을 거쳐 1990년도 예산에 설계비 30억원이 확보되었고, 1991년부터 정부예산으로 건설할 수 있게 되었다.

나는 부지선정, 예산 확보와 동시에 마스터플랜 작성(1989.8~1990.2), 해외 촬영 스튜디오 시찰, 분야별 전문가초청 자문회의, 국제전문가 세미나(1990.2.22~2.23), 설계자 확정(김원), 기본설계 (1990.9.22) 및 실시설계 등 관련 작업을 진행하게 했다.

모든 절차를 마친 후, 1991년 4월 17일, 노재봉 국무총리, 이어령 문화부 장관과 많은 영화인이 참석한 가운데 우중에 기공식을 올렸다.

종합촬영소의 규모는 부지 200,240평(1,323,100제곱미터), 조성
면적 91,815평(303,519제곱미터), 촬영용 스튜디오 4개 동, 녹음편
집 스튜디오, 영상자료관과 옥외 촬영 공간 등으로 구성되어 있다.

본격적인 공사는 후임 윤탁 사장에 의해 추진되었고, 1993년 11
월 12일 개관되었다.

'오기와 집념', 그리고 '인적 네트워크'를 총동원해서 '불가능을 가
능'하게 만든 것이 바로 '남양주 종합촬영소' 건립이었다.

종합촬영소 건립에 관여했던 이용권, 윤탁, 김치곤과 허남훈 당시
환경처 장관, 장병조 비서관, 박준규 대표 그리고 강신성일과 강수연
은 모두 고인이 되었고, 그동안 잘 운영되고 있던 종합촬영소는 안타
깝게도 정부 방침에 따라 2016년 10월 17일, 부영그룹에 매각되었
다. 건설 실무를 맡았던 원천식 차장은 지금도 부영그룹 소속의 현장
소장을 맡고 있다.

회고전 13

예술의전당,
기획에서 준공까지

| "문화올림픽 열어야" 예술의전당 부지선정, 건립 추진

서울 서초동의 예술의전당은 여러 사람의 협업으로 조성된 우리나라 최대·최고의 복합문화공간이다.

나는 문화공보부 기획관리실장으로 재직(1980.8~1988.4)하면서 기획에 참여했고, 부지선정과 설계자선정을 주도했으며 추진상황을 수시로 대통령에게 보고했다. 그리고 전관개관(오페라극장 준공)을 1년 앞두고 초대 사장을 맡았었다. 그만큼 애정이 깃든 예술의전당이기에 지금도 자주 찾는다.

1980년 9월 30일, 독일 바덴바덴에서 열린 국제올림픽위원회(IOC) 총회에서 서울이 1988년의 하계올림픽 개최지로 결정된 것이 계기가 됐다. 국내에선 서울올림픽은 문화올림픽으로 열어야 하며 이를 위해 파리 퐁피두센터, 런던 바비칸 센터나 시드니 오페라하우스 같은 복합 문화센터의 건립이 필요하다는 의견이 대두되었다.

한편 1980년 9월 1일 전두환 대통령이 취임한 후 허화평 정무수석비서관과 허문도 정무1비서관이 주도하여 12월 31일 한국방송공사법을 제정, 공포하면서 방송광고영업의 대행에 따른 수입의 일부를 '언론공익자금'으로 조성하여 언론, 방송과 문화예술진흥사업에 사용할 수 있는 법적 근거를 마련하였다.

이처럼 복합문화공간의 필요성과 방송광고에 의한 언론공익자금을 문화·예술에 사용할 수 있게 됨으로써 예술의전당 건립이 가능하게 되었다.

1981년 1월 20일 홍두표 전 동양방송 사장이 한국방송광고공사 사장으로, 남응종 예비역 장군이 감사로, 이기흥 한국일보 광고국장이 전무로 발령받았다.

| 1984년 기공식 때 전 대통령에게 지휘봉 들고 계획 보고

1981년 말 청와대 '정무팀'과 방송광고공사를 중심으로 '복합 문화시설'건립에 관한 논의가 진행되었고, 1982년 1월 6일에는 허문도 비서관이 문화공보부 차관으로 부임하면서 표면화되었다.

1982년 4월 10일 10시 30분 홍두표 사장은 이광표 장관에게 '예술의전당' 건립계획을 보고했고 이 장관의 지시에 따라 한국방송광고공사에 김수근 신용학 이강숙 황병기 유덕형 최순우 이경성 허규 이우환 문명대 등 10인의 자문위원회가 구성되었고, 이주혁을 국장으로 사무국이 설치되었다.

그 후 1982년 5월 21일 이진희 MBC 사장이 문화공보부 장관으로 부임하면서 예술의전당 건립사업은 독립기념관과 함께 이 장관의 진두지휘로 추진되기 시작했고, 기획관리실장인 나는 예술의전당 건립

김동호의 문화노트

에 직접 관여하게 되었다.

1982년 9월 30일 문화공보부와 한국방송광고공사가 마련한 최초의 '예술의전당 건립계획'을 나는 이진희 장관과 함께 청와대로 가서 전두환 대통령에게 보고, 재가를 받았다.

예술의전당 건립계획이 확정되면서 나는 부지선정에 나섰다.

1983년 1월 13일 서초동 네거리의 서울시청 예정부지(당시에는 비닐하우스가 있었다) 32,245평에 건립하는 것으로 대통령에게 보고, 재가를 받았지만 서울시가 이의를 제기함으로써 부지선정은 난관에 봉착했다.

2월 10일 이진희 장관을 만난 김성배 서울시장은 30,000평 중 10,000평에는 서울시 예산으로 컨벤션 홀을, 10,000평에는 문화공보부 예산으로 예술의전당을 각각 조성하고, 나머지 10,000평은 공유공간으로 하되 공동설계를 하자고 제안했다.

서울시의 제안대로라면 복합문화시설의 조성은 불가능했다. 그 후 이곳에는 서울 시청이 아닌 대법원과 대검찰청이 들어오면서 결과적으로 '반대를 위한 대안'이었다는 사실이 밝혀졌다.

나는 5월 24일 서울시청 예정부지 뒤편에 있는 군 정보사령부를 찾아가 부대장과 함께 경내를 돌아보았다. 정부 소유 땅과 교환한 후 부대가 그곳으로 이전한다는 원칙에는 합의했지만, 올림픽이 열리는 1988년까지 조성하기에는 불가능해서 포기했다.

5월 26일 현재 예술의전당이 자리 잡은 우면산 일대를 답사했고 27일에는 김원 소장이 추천한 성수동의 강원산업 시멘트공장을 이

▶ 예술의전당, 국립국악당 기공식. 당시 문화공보부 기획관리실장인 저자(왼쪽)가 전두환 대통령과 국회의원들, 문화계 인사들에게 공사 개요를 보고하고 있다.(1984년)

진희 장관과 함께 돌아보았지만, 접근성이 어려웠다.

그 결과 서초동 우면산 북단, 서초동 산 130번지 일대의 83,200평의 부지(군사시설 보호구역으로 지정되어 있었고 70필지 39명이 소유하고 있었다)를 제1안으로, 세종로의 구 서울고등학교 부지(현 서울역사박물관)를 제2안으로 하여 1983년 7월 13일 오후 3시 장관과 함께 대통령에게 보고한 결과 제1안으로 결정되었다.

이와 함께 건립사업은 문화예술진흥원에서, 부지매입은 한국방송광고공사가 맡아 추진하기로 했다. 이에 따라 한국방송광고공사는 이기흥 전무를 책임자로 토지매입 반을 구성하여 매입을 완료했다.

그 후 당해 부지를 문화시설 용지로 변경하기 위해서 나는 서울시,

▶ 예술의전당 개관 30주년 기념식에 참석한 역대 사장들. 왼쪽부터 고학찬(12대), 저자(초대), 허만일(2대), 이종덕(고인, 4대), 최종률(5대), 김순규(6대), 김용배(7대), 신현택(8대), 신흥순(9대), 김장실(10대) 사장).(2018년) (ⓒ 예술의전당)

건설부 등과 협의, 서울시 도시계획위원회(1983.11.3), 건설부 중앙 도시계획위원회를 거쳐 1984년 5월 26일 도시계획시행허가를 받았다. 9월 29일 오후 2시 30분 육군참모총장을, 그 후 국방부 차관을 만나 군사시설보호구역도 해제했다.

이와 병행하여 1983년 8월 1일 문화예술진흥원에 이주혁을 본부장으로, 신용학 김석철을 상임기획위원으로 '예술의전당 건립본부'를 구성하였고 8월 26일부터 9월 9일까지 음악·무용·연극·미술 등 각 분야 전문가들의 의견을 수렴하는 한편, 문화예술인 800명을 대상으로 의견조사를 실시한 후 그 결과를 정리하여 1983년 11월 4일 10시 30분, 대통령에게 시설 규모와 기본설계공모방법 등에 관해 보고했다.

설계공모는 지명공모방안을 택해 김수근 김중업 김석철 등 국내 건축가 3명과 영국 CPB건축연구소의 크리스토프 본, 미국 TAC 건축연구소의 리처드 브루커 등 외국건축가 2명이 선정되었다. 5인으로부터 제출받은 설계(안)은 문화예술진흥원의 송지영 원장(위원장), 건축가 김희춘, 한국건축가협회장 나상기, 한국건축사협회장 김지태, 무용평론가 박용구, 연극협회 이사장 김동훈, 한국방송광고공사 홍두표 사장 등 7인을 심사위원으로 위촉했고, 나는 간사를 맡아 4월 23일부터 심사한 결과 '작품마다 접근방식이 상이하고 작품마다 장·단점이 있어 5개 작품 중 어느 한 작품을 선정하는 것은 바람직하지 못함으로 한국건축가를 선정, 각 작품의 장점을 취합, 새로운 마스터플랜을 작성'하기로 결론을 내리고 주 건축가로 김석철이 정해졌다.

▶ 1986년 12월 4일자로 저자가 자필로 작성한 '예술의전당 임원 선임' 기안서. 초대 이사장엔 윤양중, 건설본부장엔 서삼수, 기획운영본부장엔 김수득씨가 추천됐다.

이 결과는 5월 4일 대통령에게 보고되었다. 주 건축가로 선정된 건축연구소 아키반의 김석철은 한국적인 전통미를 살려야 한다는 강박감에 적지 않은 고민과 갈등을 겪으면서 설계를 완성했고, 1984년 10월 25일 대통령에게 보고했다.

│ 사장을 맡은 지 두 달도 안 돼 문화부 차관 발령을

연건평 24,500평에 대극장 2,500석, 중극장 800석, 소극장 300석 규모를 갖춘 축제극장(오페라극장)과 2,200석의 음악당, 4개 전시설을 갖춘 미술관, 자료관과 교육관(후에 서예관으로 설계변경) 등 5개 동을 조성하기로 확정되었다.

설계가 확정되고 주식회사 한양이 시공사로 선정되면서 1984년 11월 14일 건설 현장에서 '예술의전당 및 국립국악당' 기공식이 거행되었다.

전두환 대통령 내외분과 국회의원, 문화계 인사들이 참석한 가운데 나는 지휘봉을 들고 조감도를 중심으로 건립계획을 보고했다.

그 후 예술의전당 조성과 향후 운영을 독자적으로 이끌기 위해 재단법인을 설립했고 12월 4일, 초대 이사장에 윤양중 현대사회연구소장이, 이사 겸 건설본부장에 서삼수, 이사 겸 기획운영본부장에 김수득 KBS 감사가 각각 임명되었다.

나는 앞으로 예술의전당을 운영할 전문 인력의 양성이 시급하다고 판단해서 예술의전당 측과 협의, 2억 6천만원의 예산으로 전체 예상 소요 인원 290명 중 1987년부터 5년간 104명을 양성하기로 하고 이 계획에 따라 1987년에 1차로 19명을 공채 선발해서 6개월간 파리 퐁피두센터, 런던 바비칸센터와 미국 링컨센터에 각각 해외연수를 보냈다.

이 계획은 2차까지 선발해서 보낸 후 아쉽게도 중단되었지만, 이때 연수받았던 1, 2기 공채출신들이 향후 예술의전당을 이끌어 온 핵심적인 역할을 해 왔고, 그들은 퇴직 후에도 전국의 공연장 책임자를 역임했거나 현재도 중책을 맡고 있다.

예술의전당은 1985년 9월 16일, 음악당 건축공사를 시작으로 공사가 진행되었고 88서울올림픽을 앞둔 1988년 2월 1일, 음악당과 서예관이 1단계 준공되었다.

나는 그 직후인 1988년 4월 4일 기획관리실장에서 영화진흥공사 사장으로 자리를 옮겼다.

1991년 12월 30일 이수정 대통령 공보수석비서관이 문화공보부 장관으로 부임했다. 부임한 후 한 달도 채 안 된 1992년 1월 20일, 이수정 장관과 점심을 같이 했다. 문화공보부 시절 함께 많은 일을 했었기에 서로가 잘 알고 있는 사이였다. 이 자리에서 전관 개관을 1년 앞둔 예술의전당의 향후의 운영방안에 관해 의견을 나눴다.

그 후 이수정 장관은 '이사장'제로 운영하던 예술의전당을 사장 중심의 책임경영체제로 바꾼 후 1992년 2월 24일 나를 초대 사장으로 임명했다.

부임하자마자 나는 전 직원은 물론 많은 문화계와 언론계 인사들의 자문을 구한 후 예술의전당 운영개선(안)을 작성, 이수정 장관을 거쳐 정원식 총리에게 보고하는 4월 20일 문화부 차관으로 발령받았다.

불과 2개월도 채 되지 않아 예술의전당을 떠나게 되어 무척 아쉬웠지만, 초대 예술의전당 사장으로, 그리고 2대 문화부 차관으로 발탁시켜 준 고 이수정 장관께 대한 고마운 마음은 아직도 깊이 간직하고 있다.

그리고 예술의전당은 1993년 2월 15일 오페라극장이 준공 개관

> *불과 2개월도 채 되지 않아 예술의전당*
> *을 떠나게 되어 무척 아쉬웠지만, 초대 예*
> *술의전당 사장으로, 그리고 2대 문화부 차*
> *관으로 발탁시켜 준 고 이수정 장관께 대한*
> *고마운 마음은 아직도 깊이 간직하고 있다.*

함으로써 전관 개관되었다.

　정부예산 없이 언론공익자금만 1,550억원 이상을 투입하여 조성된 예술의전당은 독립기념관과 함께 전두환 대통령의 의지와 집념, 그리고 집권 초에 마련한 방송광고에 의한 '언론공익자금'이 아니었으면 불가능했을 대역사다.

과천 국립현대미술관 조성

| 미술관 예산 따내려 전방위 로비, 3당 원내총무 모임도 주선

나는 국립현대미술관에 남다른 애정이 있다. 1969년 설립을 제
안해 채택됐고, 12년 뒤인 1981년부터는 신축과 부지 선정에 깊이
관여했으며 특히 전방위 로비로 건립예산을 확보하기까지 했기 때문
이다.

1969년 4월 10일 신범식 문화공보부(문공부) 장관이 부임했을
때 나는 기획관리실 사무관으로 일하고 있었다. 모시고 있던 박종국
행정관리담당관이 1969년 5월 6일 공보국 국내과장으로 옮기면서
그달 15일 나와 최종채 사무관을 국내과로 발령낸 뒤 새로운 제도의
창안을 주문했다.

고려대 법대를 졸업한 박종국 과장은 1932년생으로 나보다 5년
연상이었고 총기가 넘칠 뿐 아니라 통솔력도 뛰어났다. 나중에 기획
관리실장을 거쳐 독립기념관 건립추진위원회 사무총장을 맡아 건설
을 주도했다. 그의 부인 이법록은 나와 서울대 법대 동기다. 국내과

▶ 과천 국립현대미술관 기공식이 열렸다.(앞쪽 왼쪽 세번 째부터) 이해원 국회문공위원장, 이진희 문공부장관, 전두환 대통령 부부 (1984년 5월 1일).

▶ 국립현대미술관 상량식에서 경과를 보고하는 저자.(당시 문공부 기획관리실장) (1985년 11월 15일)

로 발령받은 최종채 사무관은 전통문화분야를, 나는 현대문화 분야를 각각 맡았다.

나는 대한민국미술전람회(국전) 역대 대통령상 수상작품은 물론 중요한 현대미술작품들을 미술관이 아닌 국립중앙박물관에서 소장하고 있다는 사실을 파악했다. 그래서 외국 사례들을 수집했고 이를 토대로 '국립현대미술관' 창설 계획을 만들어 보고했다. 그 제안이 채택되면서 기구 및 정원(안)과 운영계획, 연간 소요예산 등을 만들어 총무처·경제기획원 등 관계부처와의 협의를 거쳤다. 그 결과 1969년 8월 23일 국립현대미술관 직제가 제정, 공포됐다. 10월 20일 경복궁 내 청와대와 인접한 미술관 건물에서 국립현대미술관의 현판식이 열렸고 경복궁 안에 있던 국립현대미술관은 1973년 7월 5일 덕수궁 석조전으로 이사했다.

▎현대미술관 건립추진위 부위원장 맡아

10여 년이 흐른 1980년 기획관리실장을 맡게 되면서 또다시 국립현대미술관과 인연을 맺게 됐다. 1980년 10월 2일 덕수궁 국립현대미술관에서 열린 '국전' 개막식에 참석한 전두환 대통령은 미술계 인사들의 건의를 받고 '상설 야외조각장을 갖춘 현대미술관 건립'을 지시했다. 오늘의 과천 국립현대미술관이 조성될 수 있게 한 단초였다.

1981년 4월 23일 나는 이광표 장관과 함께 청와대로 올라가 전두환 대통령에게 '80년대 새 문화정책'을 보고했다. 이 계획(안)에는 국립현대미술관 건립계획이 포함돼 있었다. 이 자리에서 대통령은 "미

▶ '휘가로의 결혼' 관람후(국립극장). 이경성 현대미술관장, 저자, 이어령 장관, 윤탁 국립극장장.(1990년 6월 12일)

술관 위치는 중앙청이나 덕수궁이 아닌 강남으로 정하되, 졸속을 피하고 50~100년을 내다보면서 조성할 것"을 지시했다.

전두환 대통령의 지시에 따라 1981년 7월 20일 김은호 차관을 위원장으로 현대미술관 건립추진위원회를 구성했고, 기획관리실장인 나는 부위원장을 맡았다. 윤탁 국립현대미술관장, 김세중 서울대 미대 교수, 이경성 홍익대 미술관장, 임영방 서울대 교수, 윤일주 성균관대 교수, 지철근 서울대 공대 교수, 김원 건축가, 이상연 서울시 부시장을 건립추진위원으로 위촉해 그해 9월 9일 문공부 회의실에서 1차 회의를 열었다. 국립현대미술관에는 소위원회를 구성해 미술관장이 위원장을, 김원 건축가가 부위원장을 맡았고 김수근 건축가가 대표로 있는 ㈜공간연구소에 '마스터플랜' 작성을 의뢰했다.

이와 병행해 국립극장·국립현대미술관·국립영화제작소의 장을 일

> **❝**
> 나는 부지선정을 위해 서울 남쪽으로 과
> 천, 수원, 대전과 계룡산 일대를 답사하는
> 과정에서 국립현대미술관을 수원 이남에
> 건설하는 것은 적절하지 않다고 판단했다.
> **❞**

반직 공무원이 아닌 전문가가 맡아야 한다는 의견이 나오면서 나는
세 기관의 장을 일반직과 별정직을 선택적으로 임용할 수 있도록 문
공부 직제를 개정했다. 이에 따라 7월 2일 세종문화회관 커피숍에
서 연극연출가 허규를, 7월 3일엔 홍익대 이경성 박물관장을 따로따
로 만나 취임 승낙을 받았다. 7월 4일엔 서울예전 교수로 고교선배인
김기덕 감독을 만나 국립영화제작소 소장을 맡아 달라고 부탁했지만
김 감독은 고사했다. 그 결과 8월 18일 자로 국립극장장에 허규 연출
가가, 국립현대미술관장에 이경성 교수가 임명되었고 국립영화제작
소장에는 엄정흠 이사관이 유임됐다.

1982년 4월 ㈜공간연구소는 마스터플랜을 통해 전시공간, 수장고,
사무관리 및 부속시설을 포함한 건평 1만 1,500평의 미술관과 야외
조각장을 갖춘 현대미술관 건립계획을 마련했고, 남서울대공원, 덕
수궁, 구 중앙청 경내를 후보지로 추천했다. 5월 21일 이진희 장관이
부임한 뒤 7월 20일 대통령에게 업무보고를 하는 자리에서 전두환
대통령은 "남서울이나 더 나아가 영호남지역에서도 접근이 쉬운, 전
국의 중심지인 대전까지 나아가 신축하는 방안을 검토하라"고 지시
했다.

나는 부지선정을 위해 서울 남쪽으로 과천, 수원, 대전과 계룡산 일대를 답사하는 과정에서 국립현대미술관을 수원 이남에 건설하는 것은 적절하지 않다고 판단했다. 그래서 초기 단계부터 거론됐던 남서울대공원과 남태령을 1, 2안으로, 그리고 유성 복룡리 동산을 3안으로 하여 9월 30일 대통령에게 보고한 결과 남서울대공원으로 결정됐다.

다음 과제는 설계자선정이었다. 10월 29일 개최된 추진위원회 제5차 회의에서 김수근 김태수 윤승중 3인을 선정한 뒤 12월 4일 열린 제5차 회의에서 김태수의 제안을 확정했다. 그동안 추진위원장은 김은호 차관에서 1982년 1월 6일 허문도 차관으로 교체됐다. 위원장은 그 뒤 준공·개관 때까지 박현태 김윤환 최창윤으로 계속 바꾸었지만 나는 부위원장을 계속 맡았다.

1984년도 예산에 국악당 건립비 54억원과 국립현대미술관 건립 예산 100억원을 요구했지만, 국악원 예산만 정부예산(안)에 포함됐고 현대미술관은 반영되지 못했다. 그래서 정기국회가 개원하자 국회를 상대로 예산 확보를 위한 전방위 로비를 벌였다. 당시 고교 또는 대학이나 공무원 선배, 그리고 언론계 출신 국회의원들이 국회문공위원회와 예산결산특별위원회에 대거 포진해 여건은 좋았다.

문공위원회에 여당인 민주정의당의 이해원 위원장과 이대순 간사는 서울 법대 선배였고 민주한국당의 손세일 간사도 언론계출신 이어서 모두 평소부터 친하게 지내던 사이였다. 문공위원회에는 나와 가깝게 지내는 남재희, 이영희, 이낙훈, 최창규, 임재정 의원들이 있었다. 나는 문공위원회의 업무현황 및 예산보고를 하면서 현대미술관 건립비 신규책정을 요구했고, 문공위에서는 나의 건의를 받아들여 현대미술관 건립을 위한 신규 예산책정을 예산결산특별위원회(예결위)에 건의하기로 의결했다.

때마침, 김종호 예결위원장은 법대 선배였고 간사를 맡고 있던 이자헌 의원은 서울신문사 정치부장과 편집국장을 역임했기에 친했다. "예결위"를 거쳐도 예산안은 통상적으로 각 당 원내총무간의 협상을 통해 마무리되는 일이 많았다. 마침 집권당인 민자당의 원내총무는 경기고 동기이면서 '절친'인 이종찬 의원이 맡고 있었고 민주한국당의 이동진 원내총무와도 친했다. 나는 이종찬 원내총무를 통해 이진희 장관이 초대하는 형식으로 예산심의가 막바지였던 11월 25일 저녁 7시 30분 '정이'라는 한정식 집에서 민주한국당의 임종기 원내총무를 포함한 3당 원내총무의 저녁자리를 마련했다.

당시 언론에서는 교착상태에 있는 정국을 풀기위해 이진희 장관이 3당 원내총무의 저녁모임을 주선한 것처럼 보도되었지만, 실상은 국립현대미술관 건립 예산확보를 위해 내가 주선한 자리였다.

물론 경제기획원과도 국회에서 마지막 단계에서 정부의 '동의'를 구할 때를 대비하여 문희갑 예산실장에게도 부탁해 놓고 있었다. 나는 이진희 장관의 전권을 위임받아 대 국회 전방위 로비를 벌렸고, 그 결과 국회에서 신규 사업으로 국회도서관 건립 설계비 10 억원과 국립현대미술관 건립 설계비 10억원 등 단 2건만이 11월 31일 새벽 2시에 예결위원회 계수조정소위를 통과했고, 12월 2일 오전 10시에 개회된 예결위원회 전체회의와 오후 2시에 소집된 국회 본회의의 의결을 거쳐 확정되었다.

나는 문공부나 영화진흥공사 또는 부산국제영화제의 예산확보를 위해 많은 노력을 기울여 왔지만 온 정열을 쏟아 전 방위로 뛰어다니면서 예산을 확보했던 일은 국립현대미술관이 처음이면서 마지막이었다.

1983년 11월 4일 김세중 서울대학교 미술대학 교수가 이경성 관장의 후임으로 부임했다.

나는 김세중 관장이 부임하자 1984년 7월 24일, 문희갑 경제기획원 예산실장을 후암동에 있던 카페 '미림'에서 함께 만나 소개시켰고, 그 이후 이곳에서 자주 만나 술자리를 함께 하면서 문희갑 실장(1985년 7월, 차관으로 승진)과 김세중 관장의 교분이 두터워 졌다. 김세중 관장의 노력으로 현대미술관 건축예산은 1985년에 80억원, 1986년 에 잔여 100억원을 확보함으로 조기에 준공할 수 있었다.

이렇게 해서 국립현대미술관은 1984년 5월 1일 전두환 대통령이 참석한 가운데 기공식을 가졌고, 1985년 11월 15일 상량식을 가진 후 1986년 8월 25일 준공, 개관되었다.

나는 1964년 제13회 국전 서예부문에 입상했을 정도로 서예를 좋아했지만 해외에 갈 때 마다 원근을 가리지 않고 미술관을 찾으면서 현대미술에 심취하기 시작했다. 그러면서 현대미술관에 근무하고 싶다는 꿈과 미술사를 본격적으로 공부해 보겠다는 생각을 가졌지만 둘 다 이루지 못한 채 오늘에 이르고 있다. 비록 실현될 수는 없어도 꿈과 희망을 갖고 산다는 것은 즐거운 일이다.

회고전 15

국립국악당 건립

| 경제기획원 직원 대상, 국악 특강을 통해 확보한 60억 예산

8년간의 문화공보부 기획관리실장을 지낸 후 영화진흥공사 사장으로 자리를 옮긴 후 얼마 지나지 않은 1988년 5월 국악계의 원로인 김천흥 성경린 박동진 선생님께서 찾아오셨다. "예술의전당 옆에 국립국악당을 조성해 주어 감사하다"라면서 그분들의 이름이 새겨진 거문고를 선물하셨다. 지금도 '가보'처럼 잘 보관하고 있다.

한만영 교수가 국립국악원장으로 재임(1983~1985)하고 있을 때 경제기획원 직원들을 대상으로 국악에 관한 특강을 했고, 이에 기획원 간부들이 감동을 한 나머지 1984년도 정부예산에 국립국악당 건립예산 60억원을 책정해 주었다.

이 예산은 장충동 국립극장 경내, 국악사양성소 건물 앞 광장에 1개 동을 조성하는 예산이었다.

나는 국립극장 경내에 건립한다는 것은 장소도 협소할 뿐 아니라 60억원의 예산으로 1개 동만 건립하는 것은 새로 조성하는 '국립국

▶ 예악당에서 열린 해금연주자 강은일의 '해금플러스 25주년 기념공연' 후.(2024년) (ⓒ 강은일)

▶ 국악박물관과 예악당.

▶ 예악당과 우면당.

악당'의 위상에도 맞지 않는다고 판단했다.

이에 따라 새로 조성하는 '예술의전당' 부지에 건립하는 것으로 장소를 변경했고 건립예산도 증액하기로 했다. 이에 따라 1단계로 소극장과 연습동을, 2단계로 대극장과 교육연구동 등 3개 동을 조성하는 것으로 건립계획을 전면 조정하기로 했다.

이에 예산 당국과 새로 협의, 175억원으로 정부예산을 증액하기로 합의한 후 1983년 11월 15일 국회 상임위원회에 보고했고 이어 예산결산특별위원회의 심의를 거쳐 1984년도 예산을 확보할 수 있었다.

1984년 3월 '예술의전당 건립본부'로 하여금 건축연구소 관장(대표 김원)에게 예술의전당 부지에 조성하는 것을 전제로 '국립국악당 신축설계를 위한 기초자료조사 및 프로그램 연구' 용역을 의뢰하도록 했고, 4월 30일 그 결과를 보고 받았다.

이를 토대로 건립 기본계획을 마련하고 1984년 5월 4일 대통령에게 보고했다;

그 후 9월에는 '광장'의 김원 소장과 설계계약을 체결했고 설계가 완성된 후 10월 24일, '예술의전당과 국립국악당 건립계획'을 대통령에게 보고한 후 1984년 11월 14일 전두환 대통령과 각계 인사들을 초청, 현장에서 기공식을 가졌다.

이렇게 시공된 국립국악당은 1987년 12월 10일, 예산 90억원을 투입하여 소극장 1,174평, 사무연습동 1,475평, 기계 및 전기실

490평, 교육연구동 1,049평, 지하 주차장 1,050평 등 4,189평 규모
의 1단계 공사를 끝냈다.

그 후 추가로 135억원을 들여서 대극장 3,255평, 교육연구동
1,049평, 지하 주차장 634평 등 4,938평 규모의 2단계 공사를 추진
하여 1990년 전관 개관할 수 있었다.

회고전 16

부산 영화의전당
건립에 올인

| '음력영화제' 오명을 씻고 전용관 마련

나는 부산국제영화제를 시작하고 15년간 집행위원장을 맡아 영화
제를 이끌면서 후반 8년은 영화제의 전용관인 부산영상센터(영화의
전당) 건립에 온 힘을 쏟았다.

기획하는데 3년, 예산 확보에 3년, 공사 3년 등 9년에 걸쳐 조성한
것이 오늘의 '영화의전당'이다.

나는 준공을 1년 남겨 놓고 '건물의 운영은 후임자에게 맡겨야 한
다'라고 판단해서 집행위원장 자리에서 물러났다.

오늘날 '영화의전당'은 부산국제영화제가 열리는 기간에는 영화제
의 전용공간으로, 그 밖의 기간에는 시민들이 즐겨 찾는 '영화 상영
과 공연 공간'으로 사용되고 있고 일 년 내내 관광객이 몰리는 '부산
의 명소'가 되었다.

처음 부산국제영화제를 개최하면서 200여 편의 영화를 상영할 극

▶ 부산국제영화제가 열리는 영화의전당 전경.

장을 빌리기가 쉽지 않았다. 멀티플렉스 극장이 없던 시기여서 더욱 어려웠다.

'추석 대목'을 피해서 추석 직전에 영화제를 끝내거나 추석 3주 후에나 극장을 빌릴 수밖에 없었다,

그 결과 첫 회는 9월에, 그 후 네번 째는 10월에 개최했다. 추석이 10월이었던 6회(2011.9~11.17)와 7회 영화제(2011.14~11.23)는 11월 중순에 열려 야외상영을 못하고 시민회관으로 장소를 옮길 수밖에 없었다.

영화제 일정이 겹치게 되는 후쿠오카영화제나 밴쿠버영화제 집행위원장들에게 나는 미리 양해를 구하거나 사과하기에 바빴다.

| 처음엔 영화제전용관으로 건립을 추진

전 세계에 유일한 '음력영화제'의 오명을 벗기 위해 영화제 '전용

▶ 부산영상센터(후에 영화의전당으로 이름이 바뀜) 건립 기공식.(2008년 10월 8일) (© 부산영화의전당)

관'을 짓기로 결심했다. 먼저 여론조성이 필요했다. 마침 2002년 12월 19일의 대선을 앞둔 절호의 기회였다. 대선주자들에게 부산국제영화제의 전용관 건립을 '대선공약'으로 발표하도록 각 언론사 편성·보도국장에게 협조를 구했다.

그 결과 11월 9일 자 부산일보 1면 톱기사로 'PIFF전용관 세우겠다- 영화제발전기금 국고지원 등 한목소리'(당시 부산의 영문표기는 B가 아닌 P로 표기했음) 라는 제하에 한나라당 이회창, 민주당 노무현, 국민통합 21 정몽준, 민주노동당 권영길 등 4당 후보의 공약내용이 크게 보도되었고, 연이어 국제신문과 방송 3사도 이 사실을 비중 있게 다뤘다.

선거 결과 민주당의 노무현 후보가 대통령으로 당선되었다.

▶ 기공식. 오른쪽 저자. 옆 김장실 문광부 차관.(2008년 10월)

2003년에 접어들면서 부산시민의 여론 형성에 착수했다. 먼저 내가 회원으로 활동하던 '신사고포럼' 회장에게 세미나 개최를 제의했다. 신사고포럼은 지역의 주요 언론인과 대학교수, 문화예술인들이 회원인 친목 단체이지만, 예나 지금이나 부산의 여론 형성을 주도하고 있다.

2003년 3월 10일 해운대 그랜드호텔에서 'PIFF전용관 건립 어떻게 할 것인가'라는 주제로 세미나가 열렸고, 내가 주제를 발표했다.

그 후 노무현 대통령의 선거공약을 근거로 문화관광부를 경유 기획예산처에 전용관 건립예산 100억원을 요구했으나 반영되지 못했다.

2003년 9월 5일 야당이면서 다수당인 한나라당의 최병렬 대표가 '신항 건설' 현장을 보기 위해 부산을 방문했다. 절호의 기회였다. 나는 영화인들과의 간담회 자리를 마련했다. 박광수 부산영상위원회

위원장을 포함한 20명의 영화인이 모인 자리에서 전용관 건립에 필요한 설계비 30억원을 국회 예결위 계수조정과정에서 반영시켜 줄 것을 구체적으로 제안했고, 최병렬 대표는 부산시 국회의원들이 함께한 자리에서 내년 예산에 반영시키겠다고 약속했다. 이 사실은 9월 6일 자 부산지역 두 신문인 부산일보와 국제신문에 크게 보도되었다.

3일 후인 9월 8일 노무현 대통령이 부산을 방문했다. 안상영 시장은 전용관 건립비 지원을 건의했고, 다음 날 기획예산처가 용역비 10억원을 포함 40억원을 국비 지원하기로 결정했다. 이렇게 해서 2004년 예산에 용역비와 설계비가 확보되었고, 국비 230억원, 지방비 230억원 등 460억원 규모의 건축비가 일단 확보된 셈이었다.

이를 계기로 '부산국제영화제 전용관' 대신 '부산영상센터'로 이름을 바꾸고 2004년 1월 460억원 규모의 '부산영상센터 건립 기본계획'을 수립했다.

나는 새로 조성하는 부산영상센터는 시드니 오페라 하우스처럼, 해변에 조성하되 부산의 '랜드마크'가 될 건축물을 조성하고 싶었다.

기왕에 조성할 바에는 리처드 마이어가 설계한 로스앤젤레스의 폴 게티센터처럼 '정형화'된 건축보다는 프랑크 게리가 설계한 스페인 빌바오의 구겐하임미술관, 로스앤젤레스의 월트 디즈니 콘서트홀처럼 특징 있고 '추상적'인 건물을 짓고 싶었다.

그래서 파라다이스 옆 옛 극동호텔 자리와 지금의 부산 LCT 레지던스(101층)가 들어선 자리를 제1 후보지로 염두에 두고 소유주였던

해운대 해변에 세우지 못한 것이 아쉬웠지만 부산시
가 전용관 건립 부지를 발표하자 신세계백화점, 롯데백
화점, KNN부산방송, 동서대가 동시에 이곳으로 자리
를 잡았고 영상 관련 시설들이 조성됨으로서 그런대로
부산영상센터가 해운대의 중심에 자리할 수 있었다.

삼성생명과 토지공사(8월 20일 토지공사 사장 예방), 국방부(차관과 협의) 등과 교섭했다. 제2 후보지로 수영요트경기장 자리에 요트협회(지상업 교수)와 공동으로 조성하는 방안을 갖고 협의 했지만, 결국 부산시가 역점을 두고 새로 조성하는 '센텀시티'에 조성하기로 최종 확정되었다.

해운대 해변에 세우지 못한 것이 아쉬웠지만 부산시가 전용관 건립 부지를 발표하자 신세계백화점, 롯데백화점, KNN부산방송, 동서대가 동시에 이곳으로 자리를 잡았고 영상 관련 시설들이 조성됨으로서 그런대로 부산영상센터가 해운대의 중심에 자리할 수 있었다.

2004년 접어들면서 설계자 선정방식을 놓고 부산시(건축주택과 및 부산국제건축문화제)와 사사건건 충돌했다. 460억원 밖에 안되는 예산이기에 국내설계공모로 정하자는 주장에 맞서 국제경쟁으로 선정하자는 내 주장을 끝내 관철할 수 있었다. 국제경쟁으로 결정된 이후에는 세계건축가연맹을 통한 공개경쟁 방식으로 선정하고자 시 건축주택과에서 이미 연맹에 공문을 발송한 것을 뒤집고 10월 28일,

초대 공모방식인 지명경쟁으로 바꿨다. 그래야만 더 좋은 건축가를
선정할 수 있었기 때문이었다.

이 과정에서 당시 안준태 정무부시장의 조정 역할과 결심이 크게
뒷받침되었다. 이 결정에 따라서 2005년 2월 22일 초대 건축가선정
위원회가 구성되었고, 세계 정상급 설계자를 제외한 차순위 21명의
후보 건축가를 선정한 후 7월, 스티븐 홀(미국), 버나드 츄미(스위스),
쿱 힘멜브라우(오스트리아), MVRDV(네덜란드), 에릭 반 에게라트
(네덜란드), 텐 아키텍토스(멕시코), 하이키넨-코모넨(핀란드) 등 1차
7명을 선정했다.

이와 함께 피터 쿡(영국), 아라타 이소자키(일본), 마시밀리아노 푹
사스(이탈리아), 김병현, 김종성 등 다섯 명의 건축가를 심사위원으
로 위촉했다.

나는 심사과정에서부터 기공식까지 부산시민이 참여하고 선정하
는 시민축제로 만드는 것이 필요하다고 판단했다. 그래서 제10회 부
산국제영화제(2005.10.6~10.14)기간 중인 10월 6일, 해운대 그랜

드호텔에서 후보 건축가 6명이 부산시민과 심사위원이 참석한 가운데 공개발표회를 열었고, 영화제 기간인 7일부터 14일까지 모든 시민이 관람할 수 있도록 해변에 마련된 전시관에서 모형을 전시했다.

심사위원회에서는 10월 7일 1차로 3명으로 압축해서 발표했지만, 심사위원 간의 견해차를 좁히지 못해 최종 당선자를 내지 못했다.

또 10월 8일에는 심사위원으로 참석한 피터 쿡, 아라타 이소자키, 마시밀리아노 푹사스 세 건축가가 '건축, 영화 그리고 미디어'라는 주제로 각각 2시간씩 특별강연까지 하도록 주선했다.

나는 크리스틴 홀레이(영국), 이스코 하시가와(일본), 오열 데코(프랑스) 등 6명으로 심사위원회를 다시 구성, 3개 작품을 대상으로 심사한 결과 쿱 힘멜브라우사가 설계자로 확정되었다. 국내 설계업체로는 희림종합건축사가 정해졌다.

설계업체가 산정한 건축비는 1,278억원이었다. 애초 예산 460억원의 3배가 되었다. 예산 확보가 최대의 과제가 되었다.

2006년 초, 부산시에서 문화관광부와 기획예산처에 증액을 요구했지만 모두 '불가' 통보를 받았다.

나는 문광부와 기획예산처를 찾아다니며 예산 확보를 위해 뛰었다.

3월 2일 오전 가장 먼저 문화관광부의 박양우 기획관리실장을 찾아갔다. 오후에는 경기고 후배인 신철식 기획예산처 기획관리실장을 만나 터놓고 상의했다. 신철식 실장은 다음날 김대식 등 담당국장들과의 저녁식사 자리를 마련해 주었고 이 자리에는 안성기, 강수연 배우와 이춘연 영화인회의 대표가 자리를 함께해서 설득에 힘을 보탰다. 4월 7일에는 기획예산처 직원들과 광화문 시네큐브에서 영화를 보고 장미희 배우와 함께하는 간담회 자리도 주선했다.

경제기획원 당시 예산국장이어서 자주 술자리를 함께했던 장병완 차관(후에 장관으로 승진)의 역할도 컸다.

┃ 엄청난 예산 확보를 위해 설득하는데 2년, 건축예산은 3배로 늘어나

워낙 예산 규모가 크다 보니 설득하는 데에 약 2년이 흘러갔고 건축예산의 규모는 1,700억원대로 늘었다.

부산시의 허남식 시장, 안준태 부시장, 건설본부의 김영기 부장 등 담당 국·과장과 실무자들의 노력이 뒷받침되었고 이재웅, 윤원호 등 국회의원, 최인호 비서관 등 부산출신 인사들의 많은 도움을 받았다. 특히 부산상공회의소 신정택 회장이 설득작업에 적극적으로 앞장서 주었다.

결국 기획예산처는 KDI에 예비타당성 검토를 요청했고, 나는 경기고 후배인 현오석 원장의 주선으로 KDI 간부 및 직원상대로 '특강 후 가든파티'까지 하면서 협의를 끌어낼 수 있었다.

2008년 5월 30일 기획재정부(기획재정부가 기획재정부로 격상)가 '단 건축의 미학적 측면을 재고하는 방향의 추가 투자는 사업 주체인 부산시의 자체 자금조달로 수행 가능'하다는 부관을 붙여 691억원의 국비 지원을 결정했다.

마지막 단계에서 허남식 시장이 국비 이외의 예산 약 1,000억원은 부산시가 부담하기로 특단의 결정을 내렸다.

이에 따라 제13회 부산국제영화제(2008.10.2.~10.10)의 개막일인 2008년 10월 2일 11시 30분, 김장실 문화관광부 차관, 허남식 부산광역시장, 설계회사의 대표, 영화제에 참석한 내외 귀빈들이 참석한 가운데 기공식을 가졌다.

'영화의전당'으로 이름을 바꾼 부산영상센터는 다음 해 2009년 9월 28일 공사를 마치고 10월 6일 개관했다.

지금 '영화의전당'은 명실상부한 부산의 대표적인 문화공간이자 명소, 관광지로 자리를 잡았다.

운당여관과 정동극장의 복원

| 박귀희 명창이 살던 운당여관, 종합촬영소로 옮겨 복원

경복궁 건너 종로구 운니동에 있던 운당여관과 광화문에 있는 정동극장은 남양주 종합촬영소와 깊은 연관이 있다. 운당여관은 해체되면서 종합촬영소로 옮겨졌고, 정동극장은 영화진흥공사의 서울 사옥을 짓기 위해 매입했던 땅에 세워졌기 때문이다.

운당여관은 박귀희 명창께서 살던 집이었다. 내가 박귀희 선생을 처음 뵌 곳도 운당여관에서였다. 문화공보부 공보국장으로 재직하던 1978년 가을, 박종국 기획관리실장과 함께 운당여관에서 박귀희 선생을 만났다. 마침 안숙선, 안옥선 자매가 창과 거문고를 배우고 있었다. 우리는 3시간 가까이 머물면서 박귀희 선생의 가야금병창을 들을 수 있었다. 안옥선의 가야금 연주에 안숙선의 창도 들었다. 넓지 않은 방에서 명창들의 노래와 연주를 직접 듣는다는 것은 큰 감동이었고 행운이었다.

그 후 박귀희 선생은 공식 석상에서 또는 공연이 있을 때마다 뵈었다.

| 동구릉에 해체한 석재와 목재 보관을 부탁

운당여관에서 처음 만났던 안숙선 명창은 그 후 주일 문화원장과 국립극장장을 거쳐 내 후임 영화진흥공사 사장으로 재직했던 윤탁 사장과 함께 자주 만났었다.

특히 내가 1993년 9월 7일부터 18일까지 11일간, 한중수교 1주년을 기념하여 국립무용단과 국립창극단으로 구성된 '대한민국예술단'을 이끌고 단장으로 베이징, 티엔진, 상하이 등 3개 도시를 순회공연 했을 때, 함께 여행함으로써 더욱 친해질 수 있었다.

박귀희(본명 오계화) 선생께서는 1921년 경상북도 칠곡군 가산면에서 태어났다. 10대부터 이화중선, 박귀홍, 유성준 등 명창들에게 창을 배웠고, 임방울, 박녹주, 박초월, 김소희 등 당대 명창들과 전국을 순회, 공연하면서 그 이름을 떨쳤다. 1971년에는 '가야금산조와 병창'으로 인간문화재로 지정받았다.

교육자로도 유명했다. 1953년 서울 성북구 돈암동에 있던 적산가옥을 인수하여 후학들에게 무용, 기악, 성악을 가르치기 시작했고, 그 후 석관동에 서울국악예술학교를 설립, 운영했다.

6·25동란이 끝난 직후 박귀희 선생은 조선조 순종의 내관이 살던 종로구 운니동의 한옥을 인수하여 개수, 확장한 후 '운당여관'으로 이름을 짓고 이곳에 살았다. 1960년에는 조선조 순종의 비가 머물던 정릉의 별장을 인수, 운니동으로 옮겨 여관을 확장했다.

특히 운당여관에서는 1958년 이후 한국기원이 주최하는 국수전, 명인전, 기왕전 등 각종 바둑대회의 결승 대국이 열려 조남철, 김인,

▶ 종합촬영소로 옮겨진 운당여관에서 임권택 감독이 〈취화선〉을 촬영하고 있다. 왼쪽부터
정일성 촬영감독, 임권택 감독, 세 사람 건너 저자, 이종덕 예술의전당 사장.(2002년)

▶ 왼쪽부터 강신성일, 이수정 문화부 장관, 저자

윤기현, 조치훈, 조훈현 같은 바둑계의 명인들을 배출함으로써 '바둑의 성지'가 되었다. 그런 운당여관이 사라지게 되었다.

내가 영화진흥공사 사장이던 1989년 8월 3일, 아침신문에 운당여관이 오피스텔업자에게 팔렸다는 기사가 났다. 기사를 보는 순간 나는 새로 조성하려고 하는 종합촬영소에 '운당여관'을 옮겨 놓으면 좋겠다는 생각이 들었다. 바둑대회 장소나 영빈관으로 사용해도 좋을 것 같았고, 촬영세트장으로도 적격일 것 같았다.

나는 즉시 운당여관을 매입한 세원산업의 박도준 사장을 찾아갔다.

종합촬영소 건립의 취지를 설명하고 해체한 목재와 석재를 공사에 기증해 달라고 부탁했다. 박도준 사장은 먼저 박귀희 선생의 허락을 받으라고 했다. 8월 4일 아침, 박귀희 선생을 찾아가 승낙을 받았다.

이틀 후 박귀희 선생께서 전화가 왔다. 모 재벌 회장이 별장을 짓기 위해 1억 5천만원에 인수하겠다고 하는 데 그쪽에 넘겨야 할 것 같다고 했다.

다급해진 나는 여관 건물 중 본관과 정릉에서 옮겨 온 별장을 포함해서 중요한 건물 몇 동을 지정해서 옮기기로 하고 매입계약을 체결했다.

종합촬영소를 건설하기 위해 남양주군 조안면 삼봉리에 40만 평의 땅을 구입한 직후였기에 이곳에 어떤 시설이 들어갈지 결정하지도 못한 시점이었지만 시기를 놓치면 '운당여관'은 역사 속으로 사라질 것이 분명했기에 속전속결로 처리했다.

나는 '문화재 복원' 전문가인 정경호 문화재연구소장과 상의해서 해체한 후 복원할 수 있도록 설계용역 맡겼다. 그러나 해체한 석재와 목재를 보관할 수 있는 장소가 문제였다.

부산에서 환도한 후 고교 2~3학년과 대학 1~2학년 시절, 나는 답답하고 울적할 때마다 동구릉이나 용문사를 자주 찾아갔었다. 동구릉이라면 해체한 목재와 석재를 임시 보관할 수 있을 것 같았다.

동구릉 소장을 만났다. 동구릉 직원들을 위한 영화상영회도 마련했다. 저녁을 사면서 그곳에 보관해 달라고 부탁했다.

정재훈 문화재관리국과 동구릉 소장의 협조로 관람객이 안 가는 능 안쪽에 임시 보관 장소 3동을 마련했고, 해체한 석재와 목재를 그곳에 옮겨 임시 보관했다.

3년 후 종합촬영소 공사가 본격적으로 추진되면서 '운당여관'은 후임인 윤탁 영화진흥공사 사장에 의해 종합촬영소에 복원되었다. 그 후 '운당'은 영화촬영이나 숙소로 이용되고 있고 2002년 칸영화제에서 감독상을 수상한 임권택 감독의 영화 〈취화선〉도 이곳에서 촬영되었다.

박귀희 선생은 안타깝게도 남양주에 옮겨 놓은 운당여관을 보지 못한 채 종합촬영소가 준공(1993.11.12)되기 전인 1993년 7월 17일 타계하셨다.

한편 종합촬영소의 건립 부지를 매입하기 위해 남산 사옥을 매각하자 영화진흥공사는 서울사무소로 사용할 건물이 필요했다. 때마침 서울우유협동조합이 정동에 있는 부동산을 공매한다는 기사가 1991년 5월 8일 세계일보에 게재되었다.

중구 정동 8-11번지, 토지 458.6평, 건물 317평으로 위치도 좋았고, 서울사무소를 건축하기에도 적당했다. '건축상 제약이 있는 경우, 책임지지 않는다'라는 조항이 공고내용에 포함되어 있었다.

나는 즉시 '건축상의 제약'을 확인하기 위해 국회 문화공보위원장을 거쳐 서울특별시장으로 부임한 이해원 시장에게 확인을 부탁했다.

이해원 시장은 서울시 도시계획국, 문화관광국과 중구청의 국, 과장 회의를 소집해 주었고 이 회의를 통해서 '덕수궁'(문화재)으로 인한 고도 제한 밖에는 제약사항이 없는 것을 확인했다.

나는 우선 문화공보부에 보고한 후 입찰에 응하기로 했다. 총무부장을 현장에 보내 계속 지켜보게 했다. 1차 공매 절차는 유찰되었고 6월 19일 자 조선일보에 재 입찰공고가 게재된 것을 포함, 여섯 차례의 유찰과정을 거친 후 7월 11일 최병렬 장관의 최종승인을 받아 7월 20일 수의계약을 통해 55억원에 매입했다. 그리고 1991년 12월 17일 영화진흥공사로 소유권이전 등기도 마쳤다. 인접해 있는 미 대사관 측과 협의한 후 설계에 착수했다.

┃ 정동에 국내 첫 사설극장 '원각사' 복원

그런데 상황이 바뀌기 시작했다. 1990년 1월 3일 이어령 초대 문화부 장관이 부임하면서 '원각사복원' 문제가 새로운 정책과제로 대두되고 있었다.

원각사는 광화문 새문안교회 자리에 있었던 우리나라 최초의 사설극장이었다. 1902년 협률사라는 이름으로 설립, '소춘대유희'라는 창립 공연작품을 유로로 공연하다가 1906년에 문을 닫았고 관인구락부로 사용했다. 1908년 7월 박정동, 김상천, 이인직 등 세 명이 건

▶ 정동극장 정문에서 김희철 관장과.

물을 대여받아 내부를 수리하고 500석 규모의 극장을 만든 다음 '원각사'라는 이름으로 다시 문을 열었다.

명창 40명과 가기(歌妓, 노래 부르는 기생) 20명을 전속으로 두고 판소리, 민속무용 등 재래의 연희를 주로 공연했다. 창극 〈춘향전〉, 〈수궁가〉가 이곳에서 공연되었고 이인직의 〈은세계〉를 신연극으로 공연되기도 했다. 이처럼 원각사는 근대연극의 기점을 마련했던 우리나라 개화기의 대표적인 극장이었는데 1914년 화재로 소실되었다.

1991년 12월 20일 이수정 청와대 공보수석이 제2대 문화부 장관에 부임했다. 1992년 3월 종합촬영소 현장과 서울 사옥이 들어설 정동의 건물을 돌아본 이수정 장관은 청량리 홍릉, 세종대왕기념관 앞에 있는 문화부 테니스장과 정동의 영화진흥공사 서울사무소 자리를 서로 교환하기로 했다.

이에 따라 홍릉의 테니스장은 영화진흥공사 사옥이, 광화문 정동에는 '원각사'가 복원되어 지금의 '정동극장'이 세워지게 되었다.

홍릉의 테니스코트도 '테니스광'인 내가 만든 문화공보부 직원 전용 운동시설이었는데 아깝게도 영화진흥공사 사옥이 건축되면서 없어졌다.

영화진흥공사에서 이관받은 문화공보부에서는 서울우유협동조합의 건물을 철거하고 그 자리에 극장을 건축, 1995년 6월 17일 400석 규모의 정동극장을 개관하였다.

정동극장은 처음에는 국립극장 분관으로 출범했다가 1996년에는 사단법인으로, 1997년에는 재단법인 '국립 정동극장'으로 독립했다.

홍사종 박형식 최태지 구자홍 최정임 정현옥 손성원 그리고 김희철 관장을 거치면서 정동극장은 비록 작은 극장이지만 '원각사'의 전통을 이어받아 전통예술 뿐 아니라 현대물인 뮤지컬, 연극 등 다양한 장르의 공연물을 소화함으로써 우리 국민은 물론 외국 관광객이 즐겨 찾는 서울 도심의 대표적인 문화공간으로 자리 잡고 있다.

개관 27년을 맞아 국립정동극장은 성공회 소유, 옛 세실극장 건물을 장기 임대, 2022년 7월 14일부터 국립정동극장-세실'로 공연 공간을 확대하는 한편, 2024년 준공을 목표로 지금의 건물을 철거하고 이 자리에 620석의 대극장과 310석의 소극장을 갖춘 새로운 극장의 건축을 추진하고 있다.

SCENE 3

> 윤주영 장관을 모시고 함께 일했던 3년 3개월 동안 나는 무려 여섯 개의 보직을 옮겨 다녔다. 직급도 서기관에서, 별정직 2급을, 부이사관, 이사관으로 승진 했을 뿐 아니라 30년의 공직 생활 중 다양하면서도 가장 많은 일을, 그리고 보람 있는 일을 했던 '제1의 황금기'였다고 자부한다.

나의 공직생활과
윤주영 장관

┃ 문공부 '별정직' 맡아 여관에서 밤새

1964년 공보부 행정주사로 기획관리실을 거쳐 조사국 재1과에서 근무하던 당시 총무처가 주관하던 '3급 공무원 공개승진시험'(공승) 제도가 생겼다.

주사로 일정기간 근무한 사람이 시험에 합격하면 사무관인 3급(지금의 5급) 공무원으로 임용하는 제도다. '공승'은 고등고시 행정과(행시)와 함께 시험을 보고, 동일 과목은 출제와 채점을 같이 할 정도로 엄격해 합격자가 적을 수밖에 없었다.

1965년 제2회 시험에서 재정직 1명과 행정직은 나를 포함한 9명이 2월 18일 합격통지를 받았다. 상공부를 제1 지망부처로 신청했지만, 행시나 '공승'출신 모두 배정받지 못했다. 6개월을 고민하다가 공보부에 다시 근무하기로 결정했고, 1965년 9월 1일 공보부 행정사무관으로 임관되어 문화선전국 국내과 간행계장으로 발령받았다.

지금 생각해도 현명한 결정이었고 다른 부처로 옮겼었다면 지금 어떻게 되었을지 모를 일이다.

간행계장은 대통령담화문을 포함해서 정부의 각종 홍보 책자를 인쇄해서 전국에 배포하는 업무를 맡은 직책이었다. 나는 지금의 프레스센터에 있었던 대한공론사와 만리동 광명인쇄소에서 살다시피 하면서 밤낮으로 원고를 쓰고 인쇄했다. 대한공론사는 1953년 영자신문 코리아리퍼블릭을 창간했으며, 1965년 제호를 코리아헤럴드 바꿔 오늘에 이르고 있다. 당시 나는 공무원인지 인쇄소 직원인지 모를 정도로 활판인쇄부터 새로 나온 오프셋인쇄까지 공장 안에서 공장직원들과 함께 작업했다.

1968년 1월 31일 보도국 보도계장을 맡았고, 그해 7월 24일에는 정부조직법 개정으로 문교부에서 맡고 있었던 문화예술업무가 공보부로 이관되어 문화공보부로 개편되었다. 나는 그해 8월 2일 예술국 예술계장을 맡은데 이어 1970년 1월 15일 서기관으로 승진, 국내 홍보를 총괄하는 공보국 국내과장을 맡았다. 행정사무관으로 임관된 지 4년 4개월 만이니 다른 동료들보다 빨랐다.

1971년 4월 25일 대통령선거에서 박정희 대통령이 당선된 후 6월 4일 개각으로 김종필 국무총리와 함께 윤주영 청와대 공보수석 비서관이 문화공보부 장관으로 부임했다.(1968.7.24 공보부에서 문화공보부로 개편)

▶ 국무회의가 끝난 후 중앙청 기자실에서 정치부 기자들에게 브리핑하는 저자(가운데-당시 보도국장).(1974년) 위 / 윤주영 문화공보부 장관과 함께 일했던 직원들. 앞줄 오른쪽부터 윤 장관, 서종환, 저자, 오지철, 뒷줄 오른쪽부터 고 이종덕, 황현탁, 조원형, 이덕주. 아래

> 나는 업무보고가 끝난 후 '월남전 시찰'을 위해
> 전국 중요 문화원장들과 함께 모레 출국한다고 보
> 고드렸더니 "안 가면 안 되느냐"고 물으셨다. 나는
> "처음으로 가는 해외 출장이어서 해외 경험을 쌓
> 고 싶다"라고 말씀드려 겨우 승낙을 받았지만 18
> 일간의 여행기간 내내 마음은 편하지 않았다.

| 1971년 월남전 시찰단으로 해외 첫 출장

장관께서는 부임 직후 실·국·기관별로 업무보고를 받았다.

나는 업무보고가 끝난 후 '월남전 시찰'을 위해 전국 중요 문화원장들과 함께 모레 출국한다고 보고드렸더니 "안 가면 안 되느냐"고 물으셨다. 나는 "처음으로 가는 해외 출장이어서 해외 경험을 쌓고 싶다"라고 말씀드려 겨우 승낙을 받았지만 18일간의 여행기간 내내 마음은 편하지 않았다.

월남전 시찰은 한국문화원연합회 회장이었던 이관용 공주문화원장이 김용휴 국방부 군수국장을 통해 이뤄졌다. 대통령선거 직후여서 'VVIP급' 대우를 받으면서 거의 모든 전투지역을 돌아볼 수 있었다. 김용휴 국장은 그 후 국방부 차관을 거쳐 총무처 장관을 지냈다.

이관용 회장, 송두영 박경호 부회장, 서도영 사무국장을 포함해 10명의 문화원장, 국방부 합참 비서실의 황종우 대령과 저자 등 일행 13명이 동행했다.

우리는 6월 11일 C-24 군 수송기에 탑승해 김포공항을 출발했다.

필리핀의 클라크 공군기지에서 일박한 후 사이공(지금은 호찌민) 탄손누트공항(현 떤선녓공항)에 도착, 주 월남 한국군사령부를 방문했다. 이건영 부사령관으로부터 월남전 상황을 청취했고, 전시장을 돌아보았다. 이어서 이세호 사령관이 주최하는 만찬에 참석한 후 군사령부 숙소에서 사이공의 첫 밤을 보냈다.

다음날인 13일 우리는 모두 군복으로 갈아입고 군용헬기로 조진성 소장이 이끄는 나트랑(현 나짱)의 백마부대와 십자성부대(김종달 준장)를 방문, 장병위문과 영현봉안소를 찾았다. 14일에는 다낭의 청룡부대(이동용 준장)와 푸껫의 맹호부대(이희성 소장)를 방문했다. 부대마다 주둔 사령관들이 오찬과 만찬을 대접했고, 월남전의 전황을 상세하게 설명한 후 전투 현장을 안내했다.

특히 청룡부대 이동용 해병 준장은 서울대학교 행정대학원 동기여서 전장에서 다시 해후할 수 있어서 감회가 깊었다.

6월 15일 푸껫에서 탄손누트공항으로 돌아와 주 월남대사관을 방문, 유양수 주 월남대사와 권경국 공보관이 주최한 오찬에 참석했다. 16일에는 마지막 공식 일정으로 건설지원단인 비둘기부대를 방문, 곽용철 준장과 오찬을, 저녁에는 다시 이세호 사령관이 주재하는 만찬을 끝으로 월남전 시찰을 마쳤다.

월남전 시찰은 월남전의 실상과 특히 장병들의 노고를 현장에서 직접 생생하게 보고, 들을 수 있었던 좋은 기회였다.

6월 17일 사이공을 출발, 태국 홍콩 대만 일본을 거쳐 6월 29일 귀국했다.

▶ 공보국 국내과장 재직 시절 KBS-TV에 출연해 박성범 앵커(왼쪽)와 대담하고 있는 저자.(오른쪽) (1970년 5월)

월남전시찰 이후 12일간 4개국을 더 순방한 셈이다. 모두 처음 방문하는 나라들이어서 나로서는 귀중한 체험이었고 견문을 넓혀 준 여행이었다.

한편 해외 체재 중 가는 나라마다 본부 실·국장급의 인사발령 소식이 들려와서 시종 불안했지만 나는 모처럼 나온 해외여행이어서 애초 일정대로 여행한 후 귀국했다.

윤주영 장관은 1971년 6월 4일부터 1974년 9월 17일까지 3년 3개월간 재임했다. 이 기간은 정치·경제·사회 등 모든 분야에서 '변혁과 격동'의 시기였다.

1972년의 7·4 남북공동성명과 적십자회담 개최, 전국비상계엄선포(1972.10.17), 국민투표에 의한 헌법개정(1972.11.21), 통일주체

대의원회의 창설과 제8대 대통령 취임(1972.12.17), 육영수 여사의 피격과 서거(1974.8.15) 등 정치적 격변이 이어졌다.

1970년에 시작한 '새마을운동'의 전국 확산, 중화학공업 건설과 수출 증대에 역점을 둔 제3차 경제개발 5개년계획의 본격적인 추진으로 오늘의 '비약적인 경제발전'을 이룩하기 시작했던 시기였다.

이 기간에 윤주영 장관은 우리 문화사에 남을 많은 일을 성취해 놓았다.

문화예술 중흥 5개년계획 수립과 문화예술진흥원 창설, 문화예술 진흥법 제정 등을 통해 문예중흥의 기반을 구축했다. 장충동 국립극장 신축개관(1973.10.17), 경복궁 내 국립중앙박물관 신축이전(1972.8.25)도 이 시기에 이루어졌다.

1973년 3월 3일 국영방송인 KBS를 공영화해 한국방송공사를 출범시켜 우리나라의 방송 제도를 혁신했다. 1973년 2월 남산에 있던 KBS-TV 사옥을 여의도로 옮긴 후 그 자리에 영사실, 녹음·현상시설과 촬영 장비를 갖춘 영화진흥공사를 설립, 1973년 4월 3일 출범시켰다. 지금의 영화진흥위원회의 전신이다.

그리고 국제교류재단의 전신인 해외홍보협회를 창설했고, 문화공보부의 산하기관으로 재외공보관을 총괄하는 해외공보관을 신설했다.

나는 윤주영 장관처럼 창조적인 개혁 의지, 일에 대한 열정과 집념, 강한 추진력을 갖춘 분을 아직 만나본 적이 없다. 나는 윤 장관 재임 기간 여러 차례 보직을 옮겨 다니며 보직과 관계없이 측근에서 최선을 다해 보필했다.

해외여행에서 돌아온 후인 1971년 8월 문화국 문화과장으로 옮겨 문화예술진흥 5개년계획 수립, 문화예술진흥법 제정, 문화예술진흥원 설립 등을 주도했다.

1972년 4월 안중식 비상계획관이 미국으로 이주했다. 장관께서 한직인 비상계획관을 맡아 그때그때 당면하는 일을 해달라고 주문했다. 나는 서슴없이 승낙하고 일반직 서기관을 사직했고, 1972년 5월 10일 '별정직 2급을(乙) 상당'의 비상계획관으로 발령받았다. 신분보장이 안 되는 별정직으로 옮기는 일은 모험이었고 무모하기도 했지만, 윤 장관과 함께 일한다면 좌고우면할 필요가 없었다. 예비역 장성이나 영관급이 맡는 자리에 예비역 '일등병'이 맡은 것도 전무후무한 일이었다.

| 필운동 '안부여관'이 나의 집이자 사무실

비상계획관으로 있었던 약 1년간 사무실보다는 밖에서 일하는 일이 많았다. 종로구 필운동에 있었던 '안부여관'이 내 집이며 사무실이었다.

주사 시절에 자주 이용했던 통의동의 '보안여관'은 오래전에 일맥문화재단의 최성우 이사장이 구입, 리모델링하여 문화공간으로 조성했지만 안부여관은 그 후 아파트로 바뀌었는지 헐렸는지 분명치 않다.

나는 이 여관에서 대통령에게 보고하는 각종 계획서, 보고서, 브리핑 챠트, 홍보 책자의 원고 작성과 인쇄, 대외 발표문안 작성 등, 마치 '맥가이버'나 '기동타격대'처럼 일했다. 밤을 새워 일한 결과물을 가지고 아침 일찍 대방동에 있는 장관 댁에 가서 보고한 후 여관이나

*나는 윤주영 장관처럼 창조적인 개혁 의지,
일에 대한 열정과 집념, 강한 추진력을 갖춘
분을 아직 만나본 적이 없다. 나는 윤 장관 재
임 기간 여러 차례 보직을 옮겨 다니며 보직
과 관계없이 측근에서 최선을 다해 보필했다.*

사무실로 출근했다.

1973년 3월 9일 문화공보부 직제 개편으로 '문화예술진흥관'이
신설되면서 나는 총무처의 서기관 특채시험을 거쳐 다시 서기관으로
복직한 뒤 4월 5일 자로 부이사관으로 승진, 그 자리에 발령받았다.
같은 해 10월 10일 문화국장으로 자리를 옮겼다. 두 달도 채 안 된
12월 6일 장관께서 찾으셨다. 언론사 정치부장들과의 오찬 장소로
이동하는 승용차 안에서 오늘부터 보도국장을 맡아달라고 하셨고 오
찬 장소에서 정치부장들에게 나를 그렇게 소개했다.
나는 12월 7일 자로 언론 주무국장이면서 문화공보부 대변인인
보도국장을 맡게 되었다.

윤주영 장관은 1974년 9월 17일 퇴임했지만 나는 이원경 장관
(1974.9.18~1975.12.14), 김성진 장관(1975.12.19~1979.12.13)
을 거치면서 보도국장과 공보국장으로 5년 4개월간 언론 주무국장
겸 대변인 역할을 했다. (1976.12.31 직제 개편으로 보도국이 폐지
되고 그 기능이 공보국으로 통합됨)

윤주영 장관을 모시고 함께 일했던 3년 3개월 동안 나는 무려 여섯 개의 보직을 옮겨 다녔다. 직급도 서기관에서, 별정직 2급을, 부이사관, 이사관으로 승진 했을 뿐 아니라 30년의 공직 생활 중 다양하면서도 가장 많은 일을, 그리고 보람 있는 일을 했던 '제1의 황금기'였다고 자부한다.

"나를 필요로 한다면 때와 장소를 가리지 않고 그 성취를 위해 최선을 다한다"라는 교훈을 일로 체득했던 시기다.

▶ 리모델링한 '보안여관'에서 일맥재단 최성우 이사장(왼쪽)
　과 함께.

문예중흥 5개년계획안의 성안

| 설문 · 면담 · 세미나 5개월 강행군, 문예중흥 청사진 마련

1971년 6월 4일 윤주영 장관이 문화공보부 장관으로 부임한 직후 나는 월남전시찰(6. 11~6. 29)을 갔다 귀국했고, 이어서 7월 18일부터 24일까지 정부와 지방자치단체에서는 북한남침에 대비한 '을지연습'이 실시되었다. 박정희 대통령께서는 각 부처의 대비상황을 순방하면서 보고받았다.

당시 공보국 국내과장이었던 나는 대통령에게 보고하는 브리핑 자료를 작성했다. 주사·사무관·서기관일 때나 이사관이 된 후에도 직급이나 보직과 관계없이 새해 업무보고를 포함해서 대통령에게 보고하는 '브리핑' 원고나 대외로 발표되는 장관의 연설문 초안은 도맡아 작성했었다. 이를테면 기획관리실장이 되기 전까지는 이른바 '고스트라이터'(유령 연설문 작성자)를 겸직하고 있었다.

을지연습을 치르는 과정에서 장관의 마음에 각인되었던 것 같았다.

8월 1일 윤 장관께서는

"대통령께서 취임사를 통해 문화한국 중흥을 새 정부의 국정지표로 발표하셨는데, 문화과장을 맡아 이를 뒷받침하는 장기계획을 만들어 보라"고 지시했다. 나는 그 날짜로 문화국 문화과장으로 발령받았다.

과거 어느 정부에서도 장기적인 문화정책을 구상했거나 문화정책다운 정책을 발표한 일도 없었기에 나는 난감했었지만 즉시 작업에 착수했다.

우선 함께 작업할 인력이 필요했다. 문화재관리국의 정기영 사무관을 문화과로 발령받게 했다.

9월 15일 자로 행시 10회 출신의 김순규 김태석 이성언 이해관 윤청하 서종환(늦게 발령받음) 등 6명이 문화공보부로 발령받고 왔기에 나는 이들 중 이해관 사무관을 문화과로 데려왔다. 예술국 예술과로 발령받은 김순규 사무관을 차출해서 작업에 참여시켰다.

▌1972년 문화예술진흥법 제정, 공포

현실에 맞는 정책을 수립하기 위해서는 무엇보다 문화예술계의 광범한 의견조사가 필요했다.

그래서 나는 전국의 일간지·통신사·방송국의 문화부장과 문화 담당 논설위원과 주필, 문화·예술계 인사 등 676명의 명단을 작성하고 설문을 만들어 발송했다.

문화정책의 기조와 정신문화·전통문화·문화예술·대중문화·지방문화·문화시설 등 분야별로 중요하고 시급한 정책과제에 대한 의견을

▶ 윤주영 문화공보부 장관(왼쪽)과 저자(오른쪽·문화과장)가 김종필 총리(가운데)에게 현충사 정화사업을 보고하고 있다.(1972년 4월)

▶ 문화공보부 기획관리실장 시절의 저자-왼쪽. 문예중흥과 문화발전구상을 담은 각종 계획서-오른쪽.

> "
>
> 문화정책의 기조와 정신문화·전통문화·문화예
> 술·대중문화·지방문화·문화시설 등 분야별로 중요
> 하고 시급한 정책과제에 대한 의견을 묻는 '전수 우
> 편조사'를 실시했다. 104명으로부터 925건의 의견
> 이 접수되었다. 그만큼 문화계의 관심이 높았다.
>
> "

묻는 '전수 우편조사'를 실시한 것이다. 104명으로부터 925건의 의견이 접수되었다. 그만큼 문화계의 관심이 높았다.

이에 앞서 학술원·예술원·예총 각 분과의 공식의견도 수렴했다. 특히 이선근 박종홍 박종화 홍이섭 곽종원 강원룡 등 원로 문화인, 예용해(한국일보), 석도륜 유한철 김수근 등 재야인사 30명을 직접 찾아가서 장시간 면담하면서 의견을 들었다.

9월 28일과 29일 이틀간 우이동에 있는 아카데미하우스에서 '문예중흥의 기본방향에 관한 세미나'를 개최했다,

윤주영 장관이 문예중흥 장기계획의 필요성과 정부가 구상하고 있는 정책 방향에 관하여 기조연설을, 곽종원 건국대 총장은 '예술적 측면에서 본 문예중흥의 기본방향', 역사학자인 홍이섭 교수는 '문화적 측면에서 본 문예중흥의 기본방향'에 관하여 각각 발표한 후 각계 인사의 토론과정을 거쳤다.

둘째, 문화정책에 관한 해외 각국의 정책 자료를 수집했다.

때마침 유네스코 본부에서 1970년부터 유네스코가 주관하고 있

는 문화정책에 관한 전문가 회의와 문화 장관들이 참석하는 정부 간 회의의 자료, 각국의 문화정책에 관한 소책자들을 발간하기 시작했다. 나는 유네스코 백승길 부장의 도움으로 이 책자들을 입수해서 우리가 도입할 수 있는 정책들을 정리했다.

문화·예술계와 언론계의 의견과 해외 각국의 사례들을 바탕으로 문예중흥 5개년계획의 1차 초안을 만들었다. 그 뒤 11월 11일부터 23일까지 이승령 박종홍 등 15명의 초안 검토위원회를 구성, 3차에 걸친 수정 작업을 한 후 2차 초안을 만들어 12월 21일 김종필 국무총리께 보고했다.

2차 초안은 '민족문화의 전통과 사상을 계승 발전시키고 그 바탕 위에서 다양성 있는 서구 문화예술의 정수를 섭취, 새롭고 개성 있는 민족문화를 창조'하는 데에 그 기조를 뒀다.
그러면서 1) 민족문화의 계발, 민족사관 정립, 문화유산의 전승 지원 2) 문화 창조 및 예술창작을 촉진하는 환경개선 3) 예술의 생활화로 국민의 문화 향수권 신장 4) 문화예술 국제교류의 적극화 5) 지역 간의 문화 격차 완화와 지역문화 향상 등에 역점을 두고 사업계획을 마련했다.

특히 문예중흥 5개년계획을 민간주도로 추진할 기구로 '문화예술진흥원'을 설립하여 운영하기로 했다.
1965년에 발족한 미국의 국립예술기금(NEA)과 국립인문기금(NEH)을 벤치마킹했다. 문제는 미국의 경우 연방정부의 지원과 특

▶ 월남전 시찰단을 태운 수송기 앞에서 뒷줄 오른쪽부터 세번 째가 저자.(1971년 6월)

히 기업의 후원을 받아 운영하고 있었지만, 우리의 경우 기업후원은 기대할 수 없었기 때문에 고심하다가 착안한 것이 '극장모금'이었다.

지금도 시행하고 있지만 프랑스 정부는 1946년부터 극장 매출의 10%, 방송 매출의 5.5%를 국립영화원(CNC)의 기금으로 적립하여 영화·방송사업을 지원하고 있는데, 이 제도를 차용한 것이다.

당시 1965년부터 여러 명목으로 극장모금을 시행하고 있었다. 1969년의 경우 재해구호기금에 1,863만원, 국민결핵예방기금에 1,451만원, 청소년보도센터건립기금에 7,483만원, 헬기구입기금에 3,766만원 등, 1억 6,868만원을 극장에서 모금했었고, 1970년에는 1억 4,453만원을 모금했었다.

한국영화는 1950년대 중반 이후 1969년까지 전성기여서 1969년에 연 관람 인원은 1억 7,034만명, 매출액은 109억 3,670만원에 달했기 때문에 10%만 걷는다면 10억원을, 5%면 5억원의 모금이 가능했었다.

이에 정부 보조와 함께 극장·공연장 등 입장료에 부과하여 조성하는 '문예진흥기금'을 조성하여 문화·예술의 진흥사업에 사용할 수 있도록 제도화했다.

프랑스의 문화정책 중에는 일정 규모의 건축물을 조성할 경우에 건축비의 5%를 미술·조각 등 장식물에 사용하도록 의무화하고 있었다. 이 제도 또한 우리가 채택해도 좋을 것 같았다.

┃ 현장에서 도출된 정책, 생명력 강해

다음 가장 중요한 것은 이러한 정책과 제도의 법적 근거를 마련하기 위한 '문화예술진흥법'과 시행령을 제정하는 일이었다. 나는 즉시 그 초안을 마련했다.

국가와 지방자치단체의 문화예술진흥 시책 수립과 시행에 대한 의무규정, 문화예술진흥원 설립, 문화예술진흥기금 운용, 기부금품모집금지법에도 불구하고 문화공보부 장관이 극장·고궁 등에서의 입장료에 부과할 수 있는 법적 근거, 국무총리를 위원장으로 하는 문화예술진흥위원회 구성원용, 일정 규모 이상의 건축물을 조성할 경우 건축비의 100분 1 이상을 회화·조각 등 미술장식품에 사용하도록 하는 규정과 문화의 달(매년 10월), 문화의 날(10월 20일) 제정 등을 그 중요 골자로 했다.

이처럼 방대한 작업을 5개월 만에 일사천리로 끝마칠 수 있었던 것은 윤주영 장관의 명확한 방향 제시와 빠른 결정, 그리고 엄청난 추진력과 나에 대한 신뢰가 뒷받침되었기 때문에 가능했었다고 생각한다.

초안 작성을 마친 후 나는 문화예술진흥법의 입법을 추진했다.

문화공보부 장관의 극장모금을 할 수 있도록 한 특례규정과 건축물에서의 회화·조각 등 설치 의무화 규정은 내무부와 건설부의 협의 과정이 쉽지 않았지만 관철시켰다.

이렇게 해서 문화예술진흥법은 국회 심의를 거쳐 1972년 8월 14일 자로 제정, 공포되었고 시행령과 문화예술진흥위원회규정은 각각 9월 29일 자로 제정, 공포되었다.

이에 따라 한국문화예술진흥원은 1973년 3월 21일, 관악구로 이전한 서울대학교 본부 건물에서 개원하였다. 다만 문화예술진흥법의 입법과정과 문화예술진흥원의 창설 준비가 다음 해로 넘어갔기 때문에 5개년계획은 1974년부터 1978년까지 2년이 늦춰졌다

1973년 10월 15일 오후 5시, 윤 장관과 함께 청와대로 가서 박정희 대통령께 문예중흥 5개년 계획을 보고, 재가받았다. 이 계획안은 10월 17일 11시 새로 구성된 국무총리를 위원장으로 하는 문화예술진흥위원회에 보고한 후 10월 19일 오전 9시 윤주영 장관이 기자회견을 통해 발표했고, 10시에는 국회 문화공보위원회에 보고했다.

최초의 '문화의 날'인 10월 20일 10시, 신축 개관한 장충동 국립극장(10월 17일 개관)에서 전국문화예술인대회가 열렸다. '문예중흥 선언문'이 채택된 후 제1차 문화예술진흥 5개년계획이 발표되었다.

▶ 한국문화예술진흥원 곽종원 원장으로부터 설립, 발족해 준 것에 대한 감사패(1975년 10월 1일)-왼쪽 /
1960년대 초에 작성한 각종 기획서들-오른쪽

　이런 과정을 거쳐 나는 윤주영 장관과 함께 정부수립 이후 최초인
문예중흥 장기계획을 마련하였다.

　정권이 바뀌거나 장관이 새로 부임하면 새로운 문화정책이 발표되
곤 하지만 이때 마련했던 정책 기조의 큰 틀에서 벗어나진 않는다.
　책상에서 마련한 정책이 아닌 현장에서 도출된 정책이기에 생명력
이 있었기 때문이라고 생각한다. 내가 지금도 보람을 간직하고 있는
이유이기도 하다.

영국 공보성 초청
영국 시찰

| 런던·에든버러 등 많은 박물관, 유적 찾아 '세계화' 눈떠

1976년 6월 27일 나는 영국 공보성(COI) 초청으로 3주간 영국을 방문했다.

각국의 공보책임자들을 초청하여 영국의 중앙 및 지방정부의 공보활동을 시찰하는 일종의 '워크숍'이었다.

1972년 '월남전 시찰' 이후 두 번째 해외여행이었고, 유럽방문은 초행이었다.

그해 6월 27일 김포공항을 출발, 런던에 도착한 후 7월 20일 런던을 떠날 때까지 24일간 영국에 체재했다. 참가자는 나를 포함해서 세르지오 아루다 브라질 외무부 언론담당 부국장, 하이탐 쿠수스 요르단 총리 공보비서관, 카젬 헤크마트 소아 이란 공보관광부의 외신담당 부국장, 에드워드 데이비스 라이베리아의 문화공보부 외신국장, 엔시크 모하메드 유소프 말레이시아 공보부 차관, 사이드 유시프 카타르 TV국장, 카를로스 센티스 스페인 공보부 공보국장 등 8명

▶ 영국 공보성 초청으로 영국을 시찰 중이던 영국 총리의 관저인 런던 다우닝가 10번지 앞에서 오른쪽 세번 째가 저자.(1976년 6월 30일)

이 참가했다.

영국의 공보성은 정부와 지방자치단체의 요청이나 자체의 필요에 따라 책자, 영화, TV, 전시물 등을 제작, 배포하거나 효과측정 및 여론조사 등을 통해 정부 홍보를 대행하는 기구다.

6월 30일 영국의 정부 조직과 홍보활동에 관해 브리핑을 받고 오후에는 수상관저인 '다우닝가 10번지'를 방문, 정부 대변인을 만난 후 정례 기자회견을 참관하면서 열흘간의 런던에서의 워크숍이 시작되었다. 주말을 제외한 8일간 외무성과 내무성을 방문, 대변인들의 활동을 청취했고 더 타임스, 로이터통신을 견학했다.

▶ 31년 뒤 에든버러 다시 찾아

이틀간 BBC 라디오 및 TV센터를 방문, 각 부문 책임자들과 의견을 교환했다. 장관과 의원들이 즉석에서 '일문일답'으로 진행하는 하원의 대정부질문도 참관했다. 특히 기간 중 3~4일은 인쇄·광고·방송·영화·전시 등 각종 매체를 활용한 정부 홍보활동에 대해 집중 토론을 했고, 공보성 산하 각 기관을 방문해서 관련 책임자들과 간담회를 가졌다.

7월 9일 기차로 런던을 출발 에든버러에 도착, 5일간 스코틀랜드의 각급 지방행정기관의 홍보활동을 시찰했다. 고색이 깃든 에든버러성을 방문했을 때 내부에는 초상화 중심의 근대미술품과 무기 등이 전시되어 있었고 광장에서는 8월에 열리는 '밀리터리 타투'(세계 각국의 군악대축제)에 사용할 무대 공사가 한창이었다.

스코틀랜드 산림위원회를 방문해서 산림보호를 위한 캠페인 활동을 청취했고, 광활한 자연공간을 시민의 휴양·교육 공간으로 조성해놓은 '퀸엘리자베스 산림공원'을 갔던 것은 오래도록 기억에 남는다.
또한 글래스고에서 '뉴타운' 조성계획을 듣고 현장을 목격한 것은 마치 새마을운동 현장을 보는 듯했다.

이밖에 정부간행물을 판매하는 스코틀랜드 왕립서점, 톰슨재단이 운영하는 TV학교, 북해유전 개발 현장과 정유공장 등을 시찰하는 것으로 스코틀랜드 방문일정을 마치고, 노팅엄의 전기공사, 레스터의 머큐리신문사를 방문한 후 금요일인 7월 16일 저녁에 런던으로 돌아왔다.

토요일인 7월 17일 나는 빅토리아 앤 앨버트박물관, 국립역사박물관, 지리박물관, 과학박물관을 순방했다. 오후엔 전철로 국립미술관을 찾았을 때 레오날드 다빈치에서 미켈란젤로, 고야, 터너를 거쳐 르노아르, 피카소, 모네, 마네, 반고흐, 고갱에 이르기까지 책에서만 보았던 거장들의 명화들을 시간 가는 줄 모르고 관람했다.

7월 18일 일요일에는 이재홍 공보관의 안내로 스트랫퍼드어폰에이번을 찾아 윌리엄 셰익스피어의 생가와 극장을 돌아보았고, 귀로에 옥스퍼드대학과 처칠의 기념관이기도 한 블레넘궁전을 관람했다.

7월 20일 파이낸셜 타임스를 방문했고 오후에 '최종토론'을 가진 후 워크숍 일정을 마무리했다.

7월 21일 오전 마침 영국을 방문 중인 윤주영 전 문공부 장관과 김경승 이희대 사진작가를 만나 함께 전쟁박물관을 관람하고, 이정석 KBS 특파원과 대영박물관을 찾은 후 나는 히드로 공항에서 귀국길에 올랐다. 영국을 떠나면서 언젠가는 에든버러와 글래스고는 다시 방문하겠다고 생각했었는데, 31년이 지난 후에야 그 꿈을 실현할 수 있었다.

2007년 8월 15일 에든버러영화제로부터 5일간의 숙박 지원을 받고, 자비로 에든버러를 다시 방문했다. 영화제에 참가하면서 에든버러축제도 보고 글래스고를 방문하기 위해서였다.

1947년 세계 제2차 대전이 끝난 직후, 영화·음악 등 12개의 행사

▶ 영국 에든버러 성에서. 오른쪽이 저자.

▶ 반 고흐의 집을 찾아서. 김태 교수, 김형구 교수, 장덕상 공보관, 저자(1076년 7월 24일) /
　루소와 밀레, 코르가 살던 동네를 방문, 정덕상 공보관과 김태 교수.

▶ 스트랫퍼드어폰에이번에 있는 영국의 대문호 셰익스피어 생가 앞에서.

▶ 이탈리아 로마에서 강종원 참사관(왼쪽에서 두번 째)과 함께.

를 여는 '에든버러 국제페스티벌'을 시작하고, 공식 초청을 받지 못
한 단체들은 별도로 '에든버러 페스티벌 프린지'를 개최하면서 이를
통칭하는 에든버러 축제가 시작되었다. 8월 한 달간 시내 곳곳에서
열리는 에든버러 축제는 전 세계의 수많은 예술가와 관광객이 몰려
드는 세계 최대 규모의 문화행사다.

　나는 한나 맥길 에든버러영화제 집행위원장을 포함한 많은 영화인
을 만날 수 있었고 틈틈이 문학·연극·음악·밀리터리 타투 등 다양한
축제를 관람했다.

　유럽연합(EU)은 1985년부터 해마다 '유럽의 문화 수도'를 지정,
가꾸고 있는데 1985년에 아테네가 처음 선정된 이후 피렌체, 암스테
르담, 서베를린, 파리에 이어 1990년에 글래스고가 선정된 것이다.
1976년에 방문했을 때 도시가 퇴락해서 '뉴타운 조성'사업을 시작했
었는데, 어떻게 14년 만에 '유럽의 문화 수도'가 되었는지 그 과정을
확인하고자 나는 버스로 글래스고를 다시 찾아가, 온종일 시내 곳곳
을 돌아다녔다.

글래스고, 문화 주도 도시재생 대표 사례

글래스고는 번창하던 조선공업이 쇠퇴하자 1983년 조선업계의 대부였던 버렐 부부가 평생을 모은 9천 점의 문화재를 시에 기증했다. 이를 계기로 지방정부·공공단체·시민들이 합심하여 '글래스고, 더 이상 좋을 수 없다'(Glasgow Miles Better)라는 구호 아래 도시재건운동을 대대적으로 전개하기 시작했다.

먼저 도시중심을 흐르는 클라이드 강변에 '버렐 컬렉션' 미술관(1983)과 전시컨벤션센터를 조성(1985)하는 한편 꽃과 정원축제를 개최(1985)함으로써 많은 관광객을 유치했다.

이런 과정을 통해 1990년에 '유럽의 문화 수도'로 선정될 수 있었다. 이 운동은 그 후에도 더욱 확산하여 현대미술관(1996), 글래스고 로열 콘서트 홀(1999) 등이 조성되었고 국립오페라단, 발레단, 체임버 오케스트라단 등이 창설되는 등 '유령의 도시'였던 글래스고가 네덜란드의 로테르담과 함께 '문화가 주도한 도시재생'의 대표적인 사례로 꼽힌다.

공보성 초청으로 영국을 방문한 나는 귀로에 본(7.22), 파리(7.23~7.25), 제네바(7.26~7.27), 로마(7.28~7.30)를 거쳐서 8월 1일 귀국했다.

7월 22일 독일 본에서는 김원호 공보관의 안내로 쾰른의 현대미술관과 동양박물관 및 쾰른성당 등을 관람한 후 본으로 돌아와 이창희 주 독일대사와 만찬을 함께 했다.

7월 23일 오전 파리에 도착하자마자 한국일보 김성우 특파원의 안내로 루브르박물관을 관람한 후 장덕상 공보관과 합류해 몽마르트르를 비롯한 밤의 파리를 활보했다.

다음 날 아침 김태 서울미대 학장과 홍원래 교수, 수도사대(현 세종대) 김형구 교수를 만나 파리 서북쪽, 약 30km 떨어진 오베르 쉬르 우아즈를 찾았다. 빈센트 반 고흐가 1890년 권총으로 자살한 마을로 그림에 등장하는 교회와 자살한 골방, 형제가 나란히 묻힌 묘지 등을 돌아보았다. 나는 이 마을이 너무 좋아서 1997년 이후 네 번을 더 방문했다. 오후에는 루소, 밀레, 고로의 화실이 있는 바르비종을 찾아, 밀레의 '만종'에 나오는 현장과 화실은 본 다음 퐁텐블로의 나폴레옹별궁을 거쳐 파리로 돌아왔다.

처음 방문한 파리에서의 첫 일정을 화가들과 함께 '미술의 마을'을 방문했던 것은 좀처럼 얻기 힘든 행운이었다.

일요일인 7월 25일 나는 국립현대미술관, 전쟁박물관과 로댕박물관을 돌아본 후 대사관에서 민병규 관장을 만나 베르사유 궁전과 그가 다녔던 소르본 대학 그리고 노트르담 성당을 본 후 저녁에는 '카지노 드 파리' 공연을 관람했다. 다음날 스위스 제네바로 가서 조영구 공보관과 재무부에서 파견 나와 있는 고교 동창 권태원 재무관, 주 제네바대표부의 신동원 공사 등을 만났고 권태원과 함께 아름다운 레만호수와 눈에 덮인 몽블랑 정상에 오른 것 또한 잊을 수 없는 추억이다.

28일 로마에 도착했을 때 이경식 공보관은 벨기에로 발령을 받아 없었지만, 대학 동기인 강종원과 라원찬이 대사관에 근무하고 있었다. 대사관에 들러 조상호 대사를 만난 후, 강종원의 안내로 로마 시내를 '주마간산'(走馬看山) 격으로 돌아본 다음 로마에서 꽤 멀리 떨어진 티볼리의 빌라 데스테(Villa d'Este)를 찾았다.

곳곳에 있는 다양한 모양의 분수에서 조명을 받으면서 분출되는 야경이 장관이었다. 밤늦게 로마로 돌아와서 잠시 눈을 붙인 다음 새벽에 피렌체로 떠나는 '하루관광' 버스에 탑승, 피렌체의 문화유적들을 돌아본 후 밤에 로마에 도착했다. 다음 날 아침 로마를 떠나 홍콩을 경유 8월 1일 귀국했다.

공보성 초청의 영국시찰은 런던을 포함, 영국의 주요 도시를 깊이 있게 볼 수 있었던 좋은 기회였고. 영국, 독일, 프랑스, 이태리 등의 많은 미술관과 박물관, 문화유적, 예술의 마을과 도시재생의 현장들을 볼 수 있었던 것 또한 엄청난 축복이었고 수확이었다.

특히 그 후에 있었던 미국 국무부 초청 미국시찰(1983) 및 일본 외무성 초청 일본시찰(1987)과 함께 나의 좁은 안목과 지식을 '세계화' 시켜 준 계기가 되었을 뿐 아니라 평생을 살아 온 지적 향도(嚮導)가 되었다.

미 국무부 초청으로
미국 방문

| 미국 곳곳 문화시설 벤치마킹, 예술의전당 등 건립에 도움

영국 공보성 초청이 '보여주는 시찰'이었다면 미국 국무부 초청은 '보고 싶은 곳을 찾아가는' 시찰이었다.

문화공보부 기획관리실장으로 있던 1983년 11월 4일 리처드 워커 주한미국대사로부터 미국 정부의 '교육·문화 교환프로그램' 공식 초청공문을 받았다.

때마침 예술의전당, 현대미술관 등 문화시설의 건립이 진행 중이었고, 86아시안게임과 88서울올림픽을 앞두고 있었기에 가능한 한 많은 지역의 미술관, 박물관과 문화정책기구들을 집중적으로 방문하기로 했다.

그래서 건축가 김원 김석철, 화가 김종학 등 미국을 잘 아는 친지들로부터 꼭 방문해야 할 문화시설에 관한 자문을 받았고, 미국 대사관의 실무 책임자와 협의해서 무리할 정도의 빡빡한 일정을 짰다.

▶ 저자(가운데)는 미국 국무부 초청으로 미국 시찰을 하던 중 보스턴을 방문해 하버드대에서 연수 중이던 죽마고우 고건 전 총리(왼쪽)를 만났다. 오른쪽은 풀브라이트재단 초청으로 하버드에 온 강우방 국립중앙박물관 학예연구원.(1984년)

> 전 세계에서 촉망받는 젊은 조각가들을 엄선, 초
> 청하여 몇 주간의 워크숍을 통해 자연환경에 맞는
> 조각품을 만들어 놓은 것이 오늘날 유명작가의 작
> 품을 한곳에 전시할 수 있게 된 야외조각공원이다.
> 야외미술관 조성에 벤치마킹할 만한 프로젝트다.

1984년 4월 17일(화요일) 12시 50분 김포공항을 출발해 미국방문의 길에 올라 14시 55분 일본 하네다공항에 도착했는데, 공항에서 4시간의 여유가 있었다.

미리 연락을 받고 보세구역까지 마중 나온 주일본 윤탁 문화원장과 함께 공항을 빠져나와 공항 인근에 새로 조성된 국립역사민속박물관을 방문, 전시과장의 안내를 받아 관람한 후 7시 15분에 출발하는 미국행 비행기에 올랐다.

▎연수중 죽마고우 고건, 차 몰고 마중도 나와

워싱턴 DC 공항에는 박신일 박종세 공보관과 한 달 동안 안내하고 통역할 장호(張豪) 씨가 나와 있었다.

4월 18일 9시 30분 국무부에 들러 로즈 마리 에임스 여사와 일본계의 미미 마츠모토 여사를 만나 일정을 논의한 후, 19일 아침부터 24일 오후까지 6일간 워싱턴에 머물면서 주요 문화예술기관·미술관·박물관을 방문하고 책임자들과 면담했다.

초청기관인 미국공보원(USIA, United States Infomation Agency), 주미 한국대사관, 스미소니언박물관, 국립예술기금(NEA), 의회도서관, 국립미술관, 허쉬혼미술관, 국립자료기록원, 국립우주박물관, 국립역사박물관, 국립초상화박물관 등을 돌아보면서 그 방대함과 다양한 역할, 특히 이들 미술관과 박물관이 수행하고 있는 활발한 사회교육 기능에 주목했다.

원로건축가 아이 엠 페이가 설계한 내셔널 갤러리 이스트 윙을 찾았을 때 외부와 내부 공간이 모두 트라이앵글로 설계되었고, 자연채광을 최대한 활용하되 작품이 손상되지 않도록 특수유리로 건조한 건축양식이 눈에 띄었다.

높은 현관로비에 걸려있는 호안 미로의 대형 타피스트리와 천정에서 돌아가고 있는 콜더의 모빌 작품이 관람객을 압도했다.

4월 24일 18시 45분 워싱턴을 출발, 19시 50분 보스턴에 도착했다.

공항에는 내무부장관 퇴임 후 하버드대학에서 연수 중인 죽마고우 고건이 직접 차를 몰고 마중 나왔고, 다음 날 하버드대학을 방문했다.

방대한 아시아 관련 도서와 자료를 소장하고 있는 옌칭(燕京)도서관의 백린(白麟) 씨를 만났다. 서울대학교 도서관에서 만난 적이 있는 그는 자료수집 부서의 책임을 맡고 있었다. 중국 책은 380,000권, 일본 책은 200,000권에 비해 한국 책은 50,000권밖에 안 된다면서 한국 정부의 더 많은 지원이 필요하다고 호소한다.

플브라이트재단 초청으로 2년째 하버드에 와 있는 국립중앙박물
관의 강우방 학예연구관의 안내로 포그뮤지엄을 돌아봤다.

4월 26일 고건이 운전하는 차로 독립운동가 유길준 선생의 유물
이 전시된 피바디박물관을 관람한 후, 오후 3시 셔틀비행기로 고건
과 함께 다음 행선지인 뉴욕으로 갔다.

금요일인 4월 27일부터 5월 1일까지 5일간 나는 뉴욕의 많은 곳
을 방문했다.

도미니카공화국의 예술마을 알토스 데 차봉(Altos de Chavon)의
예술감독 스태픈 캐플린을 만나 예술마을 조성과 운영에 관한 상세
한 내용을 들었다.

그의 안내로 퇴락해 가던 방직공장 거리를 미술관 거리로 재생시
킨 소호의 구석구석을 돌아다녔다. 독일의 표현주의 작품 중심의 현
대미술 작품들이 전시되고 있었다.

뉴욕타워, 스퀘어가든, 월드트레드센터 등 뉴욕 투어에 이어 링컨
센터, 메트로폴리탄박물관, 휘트니미술관 등 문화시설을 관람하고
관계자들과 의견을 나눴다.

메트로폴리탄 오페라 하우스에서 아메리칸 발레의 '신데렐라' 공
연도 보았고, 육병국 사무관이 모는 차로 뉴욕에서 먼 곳에 있는
'스톰 킹 아트센터'를 묻고 물어 찾아가는 탓에 문 닫기 직전에 도
착했지만 퇴근하려던 관장의 배려로 관람할 수 있었던 것은 큰 행
운이었다.

전 세계에서 촉망받는 젊은 조각가들을 엄선, 초청하여 몇 주간의

▶ 미국 시찰을 마치고 일본 도쿄에 도착해 한국문화원을 방문했다. 왼쪽부터 형진한 MBC특파원, 윤탁 한국문화원장, 한국 문화재를 많이 소장하고 있던 구니오 미베, 저자, 구니오 씨 부인.(1984년 5월 16일)

워크숍을 통해 자연환경에 맞는 조각품을 만들어 놓은 것이 오늘날 유명작가의 작품을 한곳에 전시할 수 있게 된 야외 조각공원이다. 야외미술관 조성에 벤치마킹할 만한 프로젝트다.

5월 1일 뉴욕을 출발 노스캐롤라이나 주의 그린즈버러에 도착했다. 노스캐롤라이나는 미국의 대표적인 예술의 고장이다. 노스캐롤라이나예술위원회는 미국에서 최초로 설립된 위원회였고, 이곳 상공회의소는 도시 입구에 '살기 좋은 곳, 기업에도 최고'(Because A Good Place To Live Is The Best Place For Business)라는 플래카드를 내걸고 모든 기업이 예술 활동 지원에 적극적으로 나서고 있었다. 예를 들면 기업의 종업원이 공연관람 티켓을 가져오면 같은 금액을 보상해 준다.

나는 주요 예술기관과 기업인들을 만나 그들의 활동 상황을 청취했다.

윈스턴세일럼을 방문, 모라비안 원주민이 사는 올드 세일럼을 돌아보았고, 노스캐롤라이나 예술학교를 찾았다. 7학년에서 대학과정

▶ 통역을 도와주었던 장호(오른쪽) 씨와 함께 미국 워싱턴 의회 의사당 앞에서.

까지 교육하는 이 학교는 무용·연극·음악·영상·무대디자인 등 6개 과정에 실기 중심의 교육을 하고 있었다. 한국에도 이런 교육기관이 필요하다고 판단했었고, 9년 뒤 1992년 이어령 장관께서 마련한 한국예술종합학교의 음악원설립을 추진할 때 많은 도움이 되었다.

다음 방문지는 바로 전해인 1982년에 새로 개관한 플로리다 올랜도의 에프코트센터(EPCOT Center)였다. 광대한 대지 위에 대기업들이 첨

단 영상기법을 동원해 조성한 에너지관 등 '7개의 대형전시관' 들이 관람객들의 탄성을 자아낸다. 호수 주변으로 멕시코 중국 독일 이태리 미국 일본 모로코 프랑스 영국 캐나다 등 8개국이 각국 마다 특징있는 독립된 전시관을 조성하고 자국 홍보활동을 전개하고 있었다.

아쉽게도 한국관은 없었기에 귀국해서 확인해 보니 주최 측에서 상공부에 제안이 있었지만, 대수롭지 않게 생각하고 무시했다고 한다. 나는 관계부처에 건의한 결과 '한국관'이 추가로 조성될 수 있었다. 플로리다 올랜도에서 일박 후 시카고와 미시간 주의 칼라마 주를 거쳐 미네소타 주의 미니애폴리스와 세인트 폴로 갔다.

호텔에 여장을 푼 후 미네소타의과대학의 닐 골트 학장 댁에 초대받았다. 64세의 노 교수는 1969년부터 2년간 서울의대에 교환교수로 근무했었기 때문에 한국에 대한 애정이 많았다. 부인이 요양 중 이어서 직접 요리한 저녁을 함께했다.

미니애폴리스에서 2박 3일을 보내면서 세인트폴의 복합문화시설인 미네소타역사박물관, 미네소타국제센터, 랜드마크센터, 미네소타미술관, 오케스트라 홀, 미니애폴리스예술원등 문화시설을 방문했고, 거트릭 극

▶ 미국 방문 중 US오픈테니스대회가 열리는 뉴욕의 내셔널 테니스센터에서 미국에 파견나와 있는 교육부 직원과 테니스 경기 후 기념 사진.

장(Guthric Theatre)에서 연극 〈Hang on to Me〉를 관람했다.

| 건축·미술 등 폭넓은 관심 증폭시켜 줘

특히 거의 공사를 마무리 하고 있는 오드웨이음악당(Ordway Music Theatre)의 건설 현장을 찾아 딕 슈나이더 관장의 안내로 헬

멧을 쓰고 곳곳을 돌아보았다. 4,500만 달러를 투입, 1,830석의 대극장, 300석의 소극장을 포함, 최신 시설을 갖추고 6개월 후인 1984년 1월 1일 개관을 목표로 마무리 공사가 진행되고 있었다. 서울에서 예술의전당 건립계획이 진행 중이라고 했더니 참고하라고 설계도까지 건네준다.

미네소타예술원과 예술위원회도 방문했고, 미국 중서부의 최대 규모인 미네아폴리스미술관에 들린 후 마지막 기착지인 로스앤젤리스(LA)로 향했다.

도착한 다음 날인 일요일, 장호 씨의 안내로 샌프란시스코와 LA 중간에 있는 허스트 성을 찾았다. 광산업과 언론계의 대부였던 윌리엄 랜돌프 허스트가 당대의 건축가와 조각가를 총동원, 조성해 놓은 미술관인데 호화로움의 극치를 보여준다.

LA에 머문 5박 6일 동안 윤기병 문화원장, 장문익 김류 문화관, 그리고 KBS 이길영, MBC 강영구 특파원의 안내로 때마침 LA올림픽을 1년 앞두고 막바지 공사 중인 올림픽 경기장과 프레스센터 등을 돌아보았고, LA카운티 미술관, 폴 게티 미술관 등을 돌아봤다.

특히 '한국관' 조성에 따른 추가경비 등 당면문제들을 현지 점검 회의를 통해 해결해 주었다. LA 카운티 뮤지엄의 한국 전시물 보강, 문화공보부와 KBS가 추진 중인 KTE(Korea Television Enterprise)에 관한 현지의 사정과 의견을 청취한 후 5월 15일 LA 공항을 이륙, 일본 도쿄에 도착, 한국문화원을 방문하여 윤탁 원장과 한국문화재를 많이 소장하고 있는 구니오 미베 부부를 만난 후 16일 귀국했다.

한 달간의 미국 시찰은 추진 중이던 독립기념관, 예술의전당, 국립현대미술관, 국악당은 물론 후에 조성한 종합촬영소, 부산 영화의전당 등 문화시설의 기획, 조성 및 운영에 큰 도움을 주었을 뿐 아니라 건축과 미술에 관한 폭넓은 관심과 애정을 증폭시켜 준 귀중한 여정이었다.

회고전 22

강원도 동계아시아경기대회
사무총장

| 스케이트도 못 타는데 중책을 맡게 되어

1998년 11월 초 임무룡 강원도 부지사로부터 서울법대 후배라고 하면서 집에 찾아오겠다고 전화가 왔다.

나는 전화로 말씀하시라고 했더니 내년 1월에 개최되는 동계아시아경기대회 사무총장을 맡아 달라고 했다. 나는 이틀만 여유를 달라고 한 후 문화관광부에 어떤 대회인지 알아봤다. 한국에서 처음 열리는 국제대회인데 강원지사 출신의 전임 사무총장이 사임해서 공석이라고 했다.

스케이트도 못 타고 스키는 초보 수준인 주제에 동계스포츠 국제행사를 맡는다는 일이 주제넘기도 했고, 그것도 3개월밖에 남지 않은 상황에서 무모하기도 했지만 한번 도전해 보자는 생각에서 임 부지사의 제의를 수락했다.

▶ 대회 준비상황을 점검하기 위해 현장을 방문한 신낙균 문화관광부 장관, 김진선 강원도지사, 저자, 명호근 쌍용양회 사장, 성상우 문광부 체육국장, 이태선 쌍용양회 부사장.-왼쪽 /
대회 직전인 대관령 정상에서 기설제를 지내는 저자.(1999년 1월 26일)-오른쪽

   그 당시 나는 제3회 부산국제영화제(1999. 9. 24~10. 1)를 치르고 비교적 시간 여유가 있었고, 3개월 정도 국제행사를 맡아 치루더라도 영화제에는 지장이 없을 것 같았다. 부산국제영화제에 관한 기사가 신문과 방송에 많이 보도되었고, 특히 10월 말 MBC의 인기 프로그램인 '성공시대'에 출연했었기 때문에 내가 후임으로 거론되었던 것 같았다.

   11월 9일 11시 IOC위원인 김용운 조직위원장을 미리 만나 오찬을 함께 하면서 배경에 관한 이야기를 들었다. 김진선 강원도 지사는 부 조직위원장 겸 집행위원장을 맡고 있었다.
   11월 16일 파크호텔에서 제4회 강원 동계아시아경기대회 조직위원회 총회가 개최되었고, 나는 사무총장으로 선출되었다.
   그리고 11월 17일 10시 김진선 강원지사를 예방했고, 11월 18일 10시에 임명장을 받았다. 임명장을 받자마자 나는 먼저 강원일보,

▶ 제4회 강원 동계아시아경기대회 사무총장을 맡은 저자(오른쪽)가 김운용 조직위원장(왼쪽)에게 업무보고를 하고 있다. 박무길 기획총무부장(왼쪽 두번 째)과 조규영 행사본부장(왼쪽 세번 째)이 함께 했다.

강원도민일보, KBS, MBC, G1강원방송, CBS 등 지역의 신문·방송사를 순방했다. 이어서 사무국으로부터 업무보고를 받았다.

▎배우 김지수, 홍보위원으로 위촉

동계아시아경기대회는 1986년 3월 1일 일본 삿포로에서 첫 대회가 열렸고, 제2회 대회는 인도에서 개최하기로 했으나 예산과 준비 부족으로 포기함으로써, 1990년 3월 9일 다시 삿포로에서 개최되었다. 그리고 3회 대회는 1995년 북한 삼지연에서 개최하기로 결정되었으나 1992년에 북한이 반납함으로써 1996년 2월 중국 하얼빈에서 개최되었다.

강원 동계아시아대회는 평창(용평), 강릉, 춘천 등 3개 지역에서 개최하기로 되었고 대회 운영에 162억원, 경기시설에 1,493억원, 지원시설에 89억원, 진입로 정비에 336억원 등 총사업비 2,080억원이 투입되는 큰 행사였다.

강원도와 각 부처에서 파견된 조직위원회 직원 71명을 포함하여 자원봉사자, 지원 요원 등 1,852명이 대회 운영요원으로 일하고 있었다.

그 당시 춘천에서는 야외스케이트장, 강릉에서는 실내 빙상경기장, 용평에서는 쇼트트랙과 개막식이 열리는 실내 빙상경기장과 알파인스키장, 크로스컨트리 바이애슬론 경기장이 각각 막바지 공사를 서두르고 있었다. 공사장마다 진입로 공사가 한창이었다. 선수촌과 프레스센터, 국제방송센터도 공사 중이었다. 연내에 모든 공사를 마무리하는 일도 쉽지 않을 것 같았다.

나는 11월 19일 횡계로 숙소를 옮겨 조직위원회 직원들과 합숙을 하면서 일심동체가 되었다.

조규영 행사본부장(전 부지사), 하춘웅 경기숙박본부장, 박무길 기획총무부장, 문대상 운영부장, 남태우 지원부장, 조승기 경기부장, 엄희일 선수촌부장, 이명섭 권혁철 이재풍 전창범 서영만 조명구 신창옥 이재균 안래현 한현택 최원대 최건용, 이윤식 과장과 많은 직원이 함께 숙식하면서 밤새워 일했다. 감사원에서 최귀수 감사관이 대한올림픽위원회(KOC)에서 윤강로 전문위원이 각각 파견되어 있었다.

12월 3일 나는 제13회 아시아경기대회(1998.12.6~12.20)가 열리는 태국 방콕으로 날아갔다.

12월 5일 열리는 아시아경기연맹(OCA) 총회에서 대회 준비상황을 보고하기 위해서였다. 여기에서 최종 승인되어야만 개최할 수 있는 중요한 회의였다.

김운용 조직위원장, 김진선 집행위원장과 함께 하였다. IOC와 OCA의 합동회의였기 때문에 이처럼 큰 국제회의 참가는 처음이자 마지막이었다. 가기 전에 보고내용을 여러 차례 수정, 이를 영문으로 작성한 후 발표했다. 적지 않은 질문이 있었지만, 무사히 통과할 수 있었다.

12월 9일 태국에서 귀국한 후 용평에서 강릉, 춘천과 서울로 오가면서 공사현황을 점검하고 관계기관, 병원, 공항, 군부대 등을 순방하면서 협조를 구했다.

12월 19일에는 강릉 실내 빙상경기장이, 12월 20일에는 춘천 실외 빙상경기장이 준공되는 등 모든 경기장이 완공됨으로서 12월 23일에는 국가대표 친선경기대회가 열렸다.

1월 6일 김용운 조직위원장과 김진선 집행위원장이 참석한 가운데 대회 준비상황 종합보고회를 개최하고 그동안의 준비상황과 앞으로의 계획을 보고했다.

나는 1월 9일부터 조직위원회를 현장 운영체제로 전환, 각 현장에 운영요원을 배치 근무토록 하는 한편 용평리조트 내 종합관리동 2층, 내 사무실에 종합상황실을 마련하고 24시간 운영했다. 1층에는 현장 안전관리통제실을 설치, 안전기획부주관으로 군부, 경찰청, 가스안전공사, 한전을 통합 운영하도록 했다. 동시에 운영요원 1,852명 전원을 대상으로 5차에 걸쳐 현장 교육을 시행했다.

1월 8일 새벽에 서울로 가서 10시에 신낙균 문화관광부 장관과 헬기에 동승, 용평에 도착, 종합상황실에서 준비상황을 보고한 후 경기장 일대를 안내했다.

1월 25일에는 자원봉사자발대식, 1월 27일에는 109연대 안전요원 발대식을 했고, 1월 26에는 태백산 천제단에서 성화를 채화했다.

▶ 강원 동계아시아경기대회에 참석한 윤강로 조직위원장 보좌관, 저자, 랜드히르 아시아경기연맹(OCA) 사무총장, 이승원 국제스키연맹 집행위원(왼쪽부터). (ⓒ 윤강로)

나는 이 행사를 위해 12월 22일 강추위에 현장을 답사한 후 채화 행사를 주관했다. 예년에는 눈이 많았다는데 그해에만 눈이 내리지 않아 애를 태웠다. 기우제 대신 '기설제'를 지내자는 제안에 따라 1월 26일에는 김진선 지사, 권혁승 평창군수와 함께 대관령 정상에서 '기설제'를 지냈다. 각 스키경기장에 제설기로 인공눈을 뿌렸다.

드디어 1월 27일 11시 중국선수단의 입촌식에 이어, 오후 3시에는 한국선수단이 입촌함으로써 경기대회의 열기가 고조되기 시작했다. 사무총장으로 임명되면서부터 나는 전문 분야기도 한 대회 홍보

*각 경기장에서는 7일간 21개국 827명
의 선수가 겨루는 열띤 경기가 펼쳐졌다.
폐막식을 하루 앞둔 1월 5일 저녁에는 춘
사영화제 시상식이 열려 많은 감독과 배우
들이 참석하여 대회 열기를 고조시켰다.*

에 치중했다.

| 1998년 방콕 아시안게임 직후 홍보에 본격적으로 치중

태국에서 개최되는 아시아경기대회(1998.12.6~12.20) 때문에 동계아시아대회는 전혀 기사화되지 않고 있었다. 나는 서울에서 우선 각 신문, 방송, 통신사의 체육부장들을 만났다.

1989년 헝가리순방에 동행했던 동아일보 남달성 기자가 체육부장으로 영전해 있었다. 12월 20일 아시아경기대회가 끝나자 12월 21일 자에 '이제는 동계아시아경기대회다'라는 제하에 특집판이 나갔다.

12월 19일에 거행될 강릉 실내 빙상경기장 준공을 앞두고, 16일에는 강릉지역 언론사 기자단을 초청, 오찬 간담회를 열었다. 17일에는 각사 체육부장단을 초청, 경기장을 안내했다. 오찬 간담회를 가진 후에는 용평으로 이동하여 여러 경기장을 돌아본 후 밤늦도록 이들과 소주를 마셨다. 그 이후부터 신문, 방송에 크게 보도되기 시작했다.

12월 26일 오후 7시 30분에는 KBS '열린음악회'가 현지에서 개최되었고, 1월 4일에는 방송드라마 〈보고 또 보고〉로 인기 상승 중인 배우 김지수를 홍보위원으로 위촉했다.

방송관계자 연석회의(1.5), KOC기자단 초청 현장 안내(1.18~1.19), 외신기자 오찬(1.22)과 각 언론사의 개별인터뷰 등을 통해 대회 준비 상황을 대내외에 알렸다.

개막일이 다가오면서 마지막 행사인 개·폐막식 행사 준비에 온 힘을 쏟았다. 예술원 회원인 고 신봉승 작가가 전체 대본을 작성했고, 표재순, 유경환 감독이 연출을 맡았다. 조흥동, 유옥재, 박명숙이 안무를 맡았다.

마침내 1월 30일 오후 3시, 용평 실내 빙상경기장에서 김대중 대통령이 참석한 가운데 개막식이 열렸다. '찬란한 여명'을 주제로 서울예술단 70명이 출연하는 식전 행사(10분)에 이어 선수단 입장, 환영사, 대회사, 개회선언, 대회기 게양, 성화점화 등 공식행사가 끝난 후 '하늘, 땅, 사람'을 주제로 서울예술단, 강원대학교 무용단과 정선 고등학교 학생들이 출연하는 20분간의 식후행사가 이어졌다.

각 경기장에서는 7일간 21개국 827명의 선수가 겨루는 열띤 경기가 펼쳐졌다. 폐막식을 하루 앞둔 1월 5일 저녁에는 춘사영화제 시상식이 열려 많은 감독과 배우들이 참석하여 대회 열기를 고조시켰다.

드디어 2월 6일 오후 6시 용평 실내빙상경기장에서 폐막식이 개최되었다. 박명숙이 안무하고 서울예술단과 성산초등학교 학생들이 출연하는 식전 행사에 이어 귀빈 입장, 선수단 입장, 3기 게양, 폐회사, 폐회선언, 대회기 이양 및 하강, 성화 소화의 순으로 공식행사가 진행되었다. '영원한 우정'을 주제로 서울예술단과 출연진 전원이 참석한 식후 공연(유옥재 안무)을 끝으로 제4회 강원 동계아시아경기대회가 성공적으로 막을 내렸다.

금상첨화로 1, 2회 때는 3위, 3회 때는 4위에 그쳤던 우리 선수단의 종합 성적이 2위를 기록하는 대성공을 거두었다.

나는 대회가 끝난 후 법정 청산인으로 선임되어 1999년 12월 말까지 청산 업무를 진행, 운영비 절감으로 발생한 30억원의 잉여금을 강원도의 동계스포츠 시설 확충에 사용하라고 증여한 후 사후 청산까지 깨끗하게 마무리했다.

나에게 동계아시아경기대회는 대규모 국제대회를 운영하고, 동계스포츠를 알게 해준 귀중한 체험의 기회였다. 대회기간 나에게 올바른 판단과 지혜를 준 조규영 박무길 이명섭 남태우 전창범 등 함께 일했던 많은 내 고향 강원도 공직자들과 윤강로 이재풍 등 각 부처 및 관계기관의 파견 직원들에게 감사한 마음을 아직도 간직하고 있다.

영화콘텐츠전문대학원 창설

| 단국대 영상미디어전문대학원 석좌교수를 맡아

2010년 10월 부산국제영화제를 창설하고 15년을 이끌다 떠난 지 채 두 달이 안 된 12월 7일 10시 장충식 단국대학교 이사장의 소개로 고등학교 선배인 박효식 교수를 만났다. 장충식 이사장은 같은 워커힐아파트에 거주하고 계셨기에 자주 뵈었었고, 박효식 교수는 고교 선배로 러시아 전문가였다.

12월 21일 하얏트호텔에서 두 분을 만나 점심을 하면서 러시아 및 카자흐스탄과의 문화교류를 활성화하기 위한 여러 가지 방안에 관해 의견을 나누었다. 특히 한남동에서 죽전으로 대학 본부를 옮긴 단국대학교에 영상분야의 '명품 대학원'을 창설하고 싶다는 부탁도 받았다.

다음 해 2011년 1월 12일 오후 2시 단국대학교 우정권 국어국문학과 교수를 만났다. 그는 '영상미디어콘텐츠전문대학원 설립제안서'를 들고 왔다.

단단한 체구에 집념이 강한 그는 새로운 시대를 이끌 '녹색성장,

▶ 프레스센터에서 단국대 영화콘텐츠전문대학원' 설립 기자회견을 갖다.(2011년 11월 16일)

신성장분야의' 대학원이 필요하다고 역설했고 '석좌교수'를 맡아 이끌어 달라고 부탁했다. 1월 26일 오후 6시 하얏트호텔에서 장호성 총장, 재단의 임 이사와 우정권 교수를 만난 자리에서 대학원설립에 관한 정식 제안을 받고 이를 수락했다.

2월 1일 단국대학교 이사장실에서 2년간의 '석좌교수' 임명장을 받고 죽전 대학 구내 치과병원에 마련한 교수실로 출근하면서 대학원설립 작업에 착수했다.

나는 우선 단국대학교 학부 영화과의 박지홍, 이정하 교수, 부산국제영화제의 이용관 전찬일을 만나 의견을 청취했고 특히 영화감독과 촬영감독들을 광범위하게 만나 '어떤 분야'가 미래의 경쟁력을 갖게

▶ 단국대학교 영화콘텐츠전문대학원 개원 및 대학원장 취임식. 앞줄 왼쪽부터 이혜경 여성영화제 위원장, 이두용 감독, 김기덕 감독, 한 사람 건너 김학준 이사장, 강수연 배우, 임권택 감독, 김정옥 예술위원장, 저자, 전도연 배우, 문희 배우, 장충식 이사장, 남궁원 배우.(2012년 3월 2일)

될 것인가에 대해 집중적으로 의견을 청취했다. 3D, 4D분야의 '방송사'를 찾아 관계자들과도 면담했다.

4월 19일 우정권 교수와 박용범(컴퓨터공학), 노승완(UI디자인), 김오영(실장), 박지홍(학부 영화과) 교수 중심으로 '설립추진위원회'가 구성되었다. 나는 이와 별도로 강우석, 이명세, 곽경택, 윤재균 감독과 이춘연, 오정완, 심재명, 김미희, 이유진 영화사 대표 등 영화인 중심의 자문위원회를 구성하고 2011년 5월 4일과 6월 21일 2차에 걸친 자문회의를 통해 의견을 들었다.

그 결과 새로 설립하는 대학원은 프로듀싱, 디렉팅, 스크린 라이팅 등 세 분야의 학생들을 모집, 협업을 통해 장편영화를 제작한 후 석사학위를 받고 졸업하도록 하며, 이와는 별도로 소프트웨어 과정을 두어 기술분야를 지원하도록 한다는 원칙을 세웠다. 입학정원은 2년간 협업을 통해 4편의 장편영화를 제작한다는 전제 아래 세 분야 각 8명을 모집하는 것으로 정했다.

이를 토대로 '영화콘텐츠전문대학원' 설립과 운영계획을 성안했고 장호성 총장의 재가를 받았다.

이와 함께 연출분야는 박기용 감독을 전임교수로 이명세 곽경택 윤재군 감독을 객원교수로 초빙했고, 프로듀싱분야는 김선아 피디를 전임으로, 이춘연 오정완 심재명 김미희, 이유진 대표를 객원교수로, 스크린 라이팅 분야는 김태용 감독과 우정권 교수를 전임으로 초빙했다.

이와 함께 소프트웨어 분야는 한국과학기술원(KAIST)에서 석사학위를 취득한 강지영 교수를 임용했다.

2011년 10월 5일과 12일 2차에 걸친 교육과학부의 대학원건립 허가 심사를 거쳐 정부의 승인도 받았다.

그런데 최대의 현안은 대학교의 예산으로 학생들의 장편영화제작을 지원하기는 불가능했다. 기업의 협찬을 받아야만 했다. 먼저 남상응 회장을 만나 상의했다.

그는 중곡동 국립정신병원 테니스코트에서 오랜 기간 함께 운동하다가 갑자기 타계했던 절친의 동생으로 같은 워커힐아파트에서 거주하고 있었고 롯데그룹의 '실세'였다. 나는 그와 함께 신영자 회장도 만났었고 롯데그룹의 사장단도 몇 차례 만났었다.

11월 남상응 회장과 손광익 롯데엔터테인먼트 대표를 만나 협찬을 부탁했고 3년간 매년 4억원을 협찬받기로 약속받았다.

재원이 마련되면서 2012년 3월 2일, 단국대학교 영화콘텐츠전문대학원의 개원식과 대학원장 취임식을 가졌다.

그런데 롯데그룹의 협찬금을 인수하는 과정에서 또 다른 문제가 대두되었다.

새로 발족하는 '전문대학원'이 직접 협찬금을 받을 수는 없고 대학본부가 받게 되어 있을 뿐 아니라 대학본부가 받을 경우, 규정상 20~25%의 금액을 공제한 후에야 대학원에서 사용하게 되어 있었다.

또 설혹 그렇게 받았다고 하더라도 학생들이 현장에서 영화를 제작할 때 경비지출의 경직성 때문에 적지 않은 문제가 제기될 것이 분명했다.

따라서 이를 피해 나갈 방법으로 '단국대학교 대학원생의 영화제작 지원'만을 목적으로 하는 별도 법인 설립이 필요했다.

때마침 나는 2012년 3월 25일 수원대학교로부터 '고은문화상 대상'을 수상, 상금으로 2천만원을 받았고, 그 중 1천만원을 출자해서 주식회사 '타이거시네마'를 설립했다. 나와 이춘연 영화인회의 이사장이 이사가 된 후 내가 이사장을 맡고, 나와는 사돈이면서 '시네마서비스'의 대표인 박영목 변호사를 감사로 하는 가장 단출한 법인을 설립한 후, 주식회사 타이거시네마가 협찬을 받아 단국대 학생의 영화제작을 전담토록 함으로써 회계처리를 단순화할 수 있었다.

또한 남상응 회장의 소개로 롯데그룹의 재무를 총괄하는 이인원 부회장을 소개받았고 3~4개월마다 정기적으로 만나 명동의 '미성

> 66
>
> *그 결과 롯데엔터테인먼트의 손광익 대표가 다*
> *른 부서로 옮기고 그 후임으로 차원천 대표가 부*
> *임한 후에도 롯데그룹으로부터 계속 협찬받을 수*
> *있었지만, 이인원 부회장께서는 안타깝게도 2016*
> *년 8월 26일 극단적인 선택으로 타계하셨다.*
>
> 99

옥'에서 설렁탕으로 점심을 한 후 인근 다방에서 차 한 잔을 마시고 헤어지기를 3~4년 지속하면서 이인원 회장과 친하게 지냈다.

그 결과 롯데엔터테인먼트의 손광익 대표가 다른 부서로 옮기고 그 후임으로 차원천 대표가 부임한 후에도 롯데그룹으로부터 계속 협찬받을 수 있었지만, 이인원 부회장께서는 안타깝게도 2016년 8월 26일 극단적인 선택으로 타계하셨다.

나는 대학원장으로 5년간 재직한 후 2017년 2월 대학원장직에서 물러났다.

영화콘텐츠전문대학원에서는 2020년 제8기생이 졸업할 때까지 22편의 장편영화와 33편의 단편영화가 졸업작품으로 제작되는 큰 성과를 거두었다.

이중 1기생이 제작한 〈10분〉(김기철, 김혜민, 이용승)은 베를린영화제에 초청을 받았고, 부즐영화제에서 대상을, 〈새출발〉(김혜민, 장우진)은 전주영화제에서 대상을 받은 후 로카르노영화재 경쟁분야에 선발되었다.

2기생이 제작한 〈철원기행〉(이임걸 박진수 김대환)은 부산국제영화제에서 뉴커런츠상을 받은 후 베를린영화제에 초청받았다.

그 이후에도 졸업작품들은 국내외 영화제에서의 수상이 이어지는 등 많은 성과를 거두었지만, 기업협찬이 어려워지고 대학의 구조조 정이 본격화되면서 '영화콘텐츠전문대학원'도 2020년 '문화예술대 학원'과 '학부'로 재편되었다.

회고전 24

강릉국제영화제 창설과 중단

| 막 내린 시민축제, 창업보다 수성이 어렵다는 교훈 얻어

"그는 줄곧 허허벌판에 서야 했다. 아무것도 없는 곳에 무언가를 만들어 내야 하는 건 숙명 같았다. 김동호 부산국제영화제(BIFF) 전 집행위원장의 삶은 그랬다. 1996년 BIFF를 탄생시키고 아시아 최고 영화제로 키워낸 그는 서울 예술의전당, 남양주종합촬영소, 국립현대미술관, 국악당, 독립기념관 건립 등 일일이 꼽기 어려울 정도로 많은 일을 했다. 그가 다시 도전에 나섰다. 강릉국제영화제 초대 조직위원장을 맡은 것이다. 영화제까지는 고작 두 달 남았다. 그는 무슨 생각으로 이를 수락한 걸까?

– 동아일보 손효림 기자의 인터뷰 첫 머리기사에서(2019. 9. 3.)

만 82세를 넘긴 나이에 '강릉국제영화제'의 창설을 맡았다. 노욕일까, 노망일까.

강릉으로 오래전에 낙향한 오랜 벗 김진무도 말리고, 제자 김문란도 말렸다. 불과 3개월도 남지 않았고 준비도 제대로 안 된, 그래서 실패가 뻔한 영화제를 맡아 부산국제영화제로 얻은 명성이 땅에 떨어질 텐데 왜 맡았느냐고 다들 걱정이 태산이다.

2018년 연말인지 2019년 초였는지 분명치 않다. 홍익대 허성필 교수라는 분이 강릉에서 국제문학영화제를 창설하는데 집행위원장을 맡아달라고 전화했다. 처음 창설하는 영화제의 집행위원장이라니… 듣자마자 거절했다.

2019년 1월 21일 오전 배우 안성기의 부친께서 타계하셨다. 그곳에서 허성필 교수를 만났고, 때맞춰 강릉에서 도착한 김한근 강릉시장과 인사했다. 시장은 '문학영화제' 창설을 도와 달라고 부탁했고, 나는 필요한 자문에 응하겠다고 약속했다.

며칠 후 허성필 교수로부터 '강릉문학영화제를 알리는 포럼'이 2월 25일 열리는데 격려사를 해 달라는 전화가 왔고, 나는 어떤 영화제인지 알고 싶어 만나자고 했다.

1월 31일 15시 종로 5가에 있는 동대문미래재단 사무실에서 준비팀을 만났다. 허성필 교수를 포함해 프로그래머였던 이탈리아영화제 집행위원장 정란기, 자문위원이었던 작가 김수련, 화가 임선희 등이 참석했다. 정란기를 제외하고는 영화제의 경험이 없는 분들이었다.

2월 25일 강릉 명주예술마당에서 포럼이 열렸다. 김한근 시장, 전 국회의원 김홍신 작가, 안성기, 허성필, 김수련, 임선희 등이 참석했고 객석에서는 강릉의 시의원, 문화계 인사, 기자 등 50여 명이 참관했다.

나는 의례적인 격려사 대신 '어떻게 하면 영화제를 성공시킬 수 있는지'에 관해 설명했다.

허성필 교수의 요청으로 4월 8일 오후 5시, 경기도 광주시 남종면 분원리, 우리 집에 영화제 준비팀이 모였다. 조명진 프로그래머가 새로 합류했었던 것 같다.

나는 준비상황을 듣고 몇 가지 의견을 제시했다.

그 후 꽤 많은 시간이 흘렀다.

7월 31일 대관령국제음악제 개막식에 앞서 강릉에서 김한근 시장을 만났다. 강릉문화재단의 이홍섭 상임이사가 배석했었고 준비상황을 들었지만, 그때까지도 영화제를 이끌 집행위원장을 구하지 못하고 있었다.

8월 9일 오후 김한근 시장이 전화로 본인이 맡은 조직위원장을 맡아달라고 제의했고, 8월 12일에는 분원리 우리 집을 찾아와 다시 간청했다.

나는 즉답을 유보했지만 어쩔 수 없이 맡게 될 것으로 생각했다. 11월 8일의 개막일까지는 3개월도 남지 않았지만, 최선을 다한다면 승산이 있을 것 같았다.

문화인 · 해외영화인 초청에 주력

우선 강릉은 바다가 있고 빼어난 경관을 갖춘 관광도시다. 또한 유서 깊은 문향(文鄕)이다. 신사임당과 이율곡 모자(母子), 허난설헌과 허균 남매(男妹)가 태어난 곳이고 근래에는 고 신봉승 작가가 활동하던 곳이다.

동계올림픽을 치르면서 아트센터와 호텔 등 기반 시설을 구비한데다가 영화제를 하기에 적절한 인구 20만 규모의 도시다. 게다가 영화제에 대한 시장의 의지와 열의가 크다. 이런 여건이라면 '문학영화제'에 도전해 볼 만 했다.

다음날 나는 8월 14일에 서울사무소에서 시장 참석 아래 점검 회의를 하자고 제의했다. 사실상 조직위원장을 수락한 셈이다.

회의에는 조명진 프로그래머를 제외하고는 전원 새로운 직원들이 참석했다. 허성필 교수는 대외협력관 직책을 맡고 있었고, 사무국장은 시에서 파견된 이석제가 맡고 있었다.

최인호 회고전과 칸영화제의 독립영화부문(ACID Cannes)에서 상영되었던 영화에 대한 초청작업이 진행되고 있었다.

나는 즉시 집행위원장을 물색했지만 쉽지 않았다.

8월 16일 처음 열리는 평창국제남북평화영화제 개막식에 참석했다. 문성근 배우가 조직위원장, 방은진 감독이 집행위원장을 맡아 창설한 영화제다.

다음 날 아침 마침 그곳에 와 있던 김홍준 감독과 아침을 하면서 집행위원장을 맡아달라고 부탁했다. 충무로 뮤지컬영화제의 집행위원장을 맡고 있어서 '예술감독'이란 타이틀로 일하겠다고 했다. 이로써 집행위원장 선임 문제가 해결된 셈이다.

나는 바로 평창을 떠나 강릉으로 가서 아트센터를 개·폐막 장소로, 신영극장과 CGV강릉을 주 상영관으로, 스크린을 가진 '고래책방'을 문인들과 함께 영화를 보고 관객과 대화를 나누는 장소로 확정했다.

나는 영화 선정은 김홍준 감독과 조명진 프로그래머에게 전적으로

▶ '강릉포럼'에 참석한 세계영화제 집행위원장들. 왼쪽 아홉 번째가 저자.(2019년 1월)

맡기고 강릉지역의 여론 형성과 협력체제의 구축, 국내·외 영화인 초
청에 전력을 경주했다.

먼저 강릉지역의 독립영화인들을 만나 협조를 구했다.
핵심 인물인 박광수 정동진영화제 집행위원장, 강릉 출신인 김동
현 서울독립영화제 사무국장과 강릉시네마테크의 이마리오 감독을
고 이춘연 영화인 대표와 함께 서울에서 만나 장시간 의견을 나눴다.
이들의 동의를 얻었다.
9월 4일 오전에는 강릉에서 예총, 문화원, 단오제 사무국을, 오후
에는 시의회, 상공회의소, 교육청을 돌면서 수장들께 협력을 구했고
오후 3시에는 박광수 위원장의 주선으로 강릉지역 독립영화인들을

▶ 사단법인 강릉국제영화제 제4차 임시총회가 열렸다. 왼쪽부터 김동찬 강릉단오제 이사장, 김수련 작가, 권혁승 전 서울경제신문 사장, 김진무 전 강릉아트센터 명예관장, 저자, 오정완 강릉영화제 집행위원장, 박선자 강릉예총 회장, 박광수 전 정동진영화제 집행위원장, 정상진 DMZ다큐멘터리영화제 집행위원장, 이마리오 강릉시네마테크 대표, 주재윤 강릉소나무한약방 원장, 최은희 안양예고 이사장.(2022년 7월 26일)

만나 의견을 나누고 저녁을 함께했다.

나는 무엇보다도 칸에서 황금종려상을 받았고 한국에 팬이 많은 일본의 고레에다 히로가츠 감독을 강릉에 초청하는 것이 처음 출범하는 영화제의 상징성이 있을 것으로 판단했다.

8월 25일 오후 아트 나인의 정상진 대표 및 주희 이사와 함께 일본 도쿄로 날아갔다.

다음 날 오후 4시 그의 신작이 베니스영화제 개막작으로 선정되어 다음 날 베니스로 떠나야 하는 고레에다 히로가츠 감독을 만나 강릉에 참석해 달라고 요청했다. 그는 흔쾌히 수락했다.

9월 18일 여성계 대표 20여 명과 간담회를 마련했고, 서울에서 연극인 박정자와 윤석화가 강릉까지 함께 와서 여성대표들에게 영화제의 지원을 부탁했다. 개막 다음 날 아트센터에서 손숙도 함께하는 '영화음악 콘서트'를 갖기로 약속했다. 나에게 큰 힘을 실어 준 셈이다.

나는 노인회 연찬회, 박용재 북콘서트, 문화제야행, 커피축제 등 모든 행사에 참석해서 성원과 참여를 부탁했다.

특히 많은 해외영화인이 강릉에 올 수 있도록 두 개의 프로젝트를 마련했다.

첫째, 외국의 영화제 집행위원장들이 매년 강릉에 모여 영화제에 대한 경험과 미래의 당면과제를 논의하는 '강릉포럼'을 창설하기로 했다.

급히 연락했음에도 도쿄영화제를 비롯하여 도쿄 필름엑스, 후쿠오카, 홍콩, 마카오, 말레이시아, 욕 자카르타, 뉴욕(독립), 콜롬비아, 브줄(프랑스), 모스크바 등 11개 영화제의 집행위원장 또는 회장이 참석했다. 절친인 대만 배우 양구이메이와 타이페이영상위원회 제니퍼 자오 위원장도 강릉에 왔다.

조명진이 초청한 아시드 칸의 4명의 독립영화감독도 참석했다.

둘째, 2018년 5월 6일 타계

▶ 2021년 10월 22일 열린 제3회 강릉국제영화제 개막식에 참석한 배우 조인성(왼쪽)과 정우성.

한 피엘 리시앙(Pierre Rissient)의 추모행사를 마련했다. 피엘은 칸영화제의 공식 직함은 없었지만, 38년간 사무총장과 조직위원장을 맡아 군림해 왔던 질 쟈콥과 막역한 친구여서 한국영화가 칸에 진출하고 수상하는 데에 많은 역할을 해 온 영화인이다.

그의 추모행사에 미망인인 한국계 일본인 서영희 여사와 인도네시아의 국민 여배우 크리스틴 하킴, 칸영화제 감독주간 프로그래머 벤자민 일로스와 이창동, 양익준 감독과 배우 전도연이 참석했다.

| 강릉국제영화제 만족도 80%로 늘어

나는 개막식에 영화인뿐 아니라 문화예술계 인사들을 광범하게 초대했다.

이런 과정을 거쳐 11월 8일 저녁 강릉아트센터에서 개막공연 대신 세계 최초의 여성감독인 알리스 기 블라쉐 감독이 1912년에 제작한 12분짜리 무성영화 〈마지막 잎새〉(오 헨리의 원작)가 강릉시향이 연주하는 가운데 상영되었고, 감독과 배우의 무대인사에 이어 개막작 〈감쪽같은 그녀〉(감독 허인무)가 상영됨으로서 제1회 강릉국제영화제가 개막되었다.

14일까지 7일간 개최된 첫 영화제에서 32개국 73편의 영화가 상영되었고, 14개국 37명의 해외인사가 참석했다. 효과분석을 의뢰한 가톨릭관동대학교의 조사 결과에 따르면 80,245명이 참여했고, 극장관람인원은 22,779명, 좌석점유율은 83.75%로 성공적이었다.

2020년 제2회 영화제는 코로나가 전 세계로 확산되고 이에 따라 칸영화제를 포함해 많은 영화제가 개최를 중단하거나 온라인으로 대

체되는 가운데 열렸다.

10일을 3일로 단축했고, 상영 영화도 개막영화 〈동백정원〉(일본 우에다 요시히코 감독)을 포함 경쟁부문 8편, 한국 신작 10편, 제작 지원으로 완성된 영화 3편 등 25편으로 축소했다.

그 대신 '포스트 코비드19-뉴노멀시대의 시네마'를 주제로 토론토 영화제 명예회장 피어스 핸들링의 기조 발제를 녹화 방영하고 베를린영화제 집행위원장을 포함 10명의 해외영화제 수장들의 영상전화와 부산 부천 전주 등 영화제 집행위원장 6명이 토론하는 '강릉포럼'을 개최함으로써 국내외 언론으로부터 비상한 관심을 모았다. 그리고 28억원의 시 지원예산 중 15억원을 코로나로 고통받는 강릉시민들의 재난지원금으로 사용토록 반납했다.

2021년 제3회 영화제 역시 코로나 상황이 지속되는 가운데 10월 22일부터 10월 31일까지 10일간 강릉아트센터, 강릉대도호부관아, 명주예술마당, CGV강릉, 신영극장, 고래책방, 말글터문고, 구슬샘 문화창고 등에서 42개국 116편의 영화를 상영하였다.

강릉포럼은 '당신은 아직도 영화(관)를 믿는가'라는 주제로 로테르담영화제 바냐 칼루제르치치 집행위원장의 기조강연에 이어 브줄, 우디네, 말레이시아, 마카오, 후쿠오카, 콜롬비아 등 9명의 해외영화제 집행위원장들이 코로나상황 속에서도 직접 강릉을 찾아 열띤 토론을 벌였다. 3회를 거치면서 '강릉포럼'은 영화제 수장들이 강릉을 찾는 대표적인 국제행사로 자리 잡았다.

가톨릭관동대학교의 용역보고서에 의하면 영화관람 인원 10,927명, 좌석점유율 61%, 영화제에 대한 만족도는 79.9%로 나타났다.

> 66
>
> *2018년 5월 6일 타계한 피엘 리시앙(Pierre Rissient)*
> *의 추모행사를 마련했다. 피엘은 칸영화제의 공식 직함*
> *은 없었지만, 38년간 사무총장과 조직위원장을 맡아 군*
> *림해 왔던 질 쟈콥과 막역한 친구여서 한국영화가 칸에*
> *진출하고 수상하는 데에 많은 역할을 해 온 영화인이다.*
>
> 99

특히 관객 점유율에서 1회 때는 수도권 60.7%, 강릉지역 20.2%였던 것이, 3회 때는 수도권은 31.8%로 줄고 강릉지역이 50.2%로 크게 늘어나, 영화제가 '강릉시민의 축제'로 자리하고 있다고 평가했다.

거리두기 등 철저한 방역지침을 준수하는 가운데 거둔 큰 성과다.

| 새 시장, 전임 시장의 업적으로 남을까 봐 공중분해를…

강릉영화제는 2022년 4회 영화제를 앞두고 1월부터 팀장과 직원 거의 전부를 공채로 교체했고, 2월 24일 영상자료원장으로 영전한 김홍준 감독의 후임으로 '봄 영화사' 오정완 대표를 새로 집행위원장으로 영입해서 '위드 코로나 또는 정상 복귀'에 대비, 영화제의 새로운 도약을 준비하던 중 2022년 지방선거에서 선출된 신임 김홍규 강릉시장의 영화제 폐지 통보를 받게 되었다.

7월 1일 새로 부임한 김홍규 시장은 "강릉에는 독립영화제인 정동진영화제가 있어 국제영화제가 필요 없고… 강릉국제영화제는 시민 호응도가 낮다"라는 이유를 들어 일방적인 폐지 결정을 내리고 파견 직원인 사무국장과 회계팀장을 7월 18일 자로 원대복귀 시켰다.

이미 내줬던 시 지원예산 30억원 중 24억 4천만원과 사무실 임대 보증금 6천만원까지 회수함으로써 강릉영화제는 '공중분해' 되었다.

결국 전임 시장이 창설한 영화제이기 때문에 없앤 것이다. 이에 사단법인 강릉국제영화제조직위원회는 7월 26일 임시총회를 개최 하고 유감 표명과 함께 '영화제개최 중단'을 결정하되 법인체는 존속 시키기로 의결했다.

코로나 시국 속에 탄생한 강릉영화제의 숙명이었다고 치부하더라 도 부임하자마자 전 직원의 권고사직을 받는 등 뒷마무리만 하게 된 오정완 대표와 모처럼 새로 얻은 직장을 졸지에 잃게 된 모든 직원께 죄송한 마음뿐이다.

『정관정요』에 나오는 "창업(創業)도 어렵지만 수성(守城)이 더 어렵다"고 지적한 당 태종의 고사가 새삼 가슴에 와닿는다.

▶ 마지막이 된 '제3회 강릉국제영화제' 포스터(2021년)

SCENE 4

> 김사행은 천재였다. 6학년 때 우리 반에서 항상 박태영과 1, 2위를 다투었고 경기중학 입학시험에서도 둘이 1, 2등을 했다. '재동초등학교'가 좋은 학교였던 것은 3백명을 뽑는 경기중학교에 100명이 합격한데서 입증된다. 당시 학제는 5월에 졸업하고 6월 1일에 입학했다. 화동에 있는 경기중학교에 입학한 지 25일 만에 북한군의 남침으로 '6·25전쟁'이 터졌다.

나의 유년시절

┃강원도 홍천에서 태어나 세 살 때 서울로

나는 1937년 8월 6일 음력으로 7월 초하루 강원도 홍천군 남면 화전리 216번지에서 태어났다. 벼루재에서 독장골로 가는 중간 지점, 언덕에 있는 집이다. 지금도 그 집이 있다.

아버지(金一濟)는 광산을 하셨고. 어머니(鄭福順)는 홍천출신이셨다. 다섯 살 위인 누님이 계시다. 남기신 책과 당신께서 직접 골랐다는 유목정리의 묘소를 보거나 내 이름을 '동쪽의 호랑이'로 지으신 할아버지(金商源)께서는 풍수지리에 밝은 한학자이셨던 것 같다. 할아버지께서는 내가 태어난 후 1년이 채 안 된 1938년 6월 18일 돌아가셨다.

그 후 일, 이년 후에 우리는 할머니를 모시고 서울로 이사했다. 종로구 충신동의 언덕에 있었던 것 같다. 비가 많이 와서 축대가 무너지고 물이 허벅지까지 차올랐던 기억이 난다.

그 후 원남동으로 이사 갔다. 편찮으셨던 할머니의 대·소변을 내가 치웠다. 할머니께서는 1945년 3월 10 돌아가셨다. 여덟 살 되던 1944년, 재동국민학교에 입학했다.

대동아전쟁 막바지에 조선총독부는 서울에 밀집한 인구를 분산시키기 위해 '소개령'을 내렸다. 우리는 홍천군 남면, 고향으로 내려갔다.

양덕원의 명덕국민학교 1학년에 전학했다. 2학년에 올라간 지 얼마 되지 않아 '8·15 해방'을 맞았다. 우리는 다시 서울로 올라와서 종로구 계동, 김성수 선생 저택 맞은편에 있는 윤비 직계가 사는 '윤씨 저택' 별채에 세 들었다. 그 집에는 나 보다 두 살 아래인 윤민노(尹珉老), 윤명노(尹明老) 자매가 있었다.

초등학교 5, 6학년 때 나는 동네 친구들과 계동골목은 물론, 중앙중학교 정문을 보고 우측 골목으로 나가면 원서동, 좌측 골목으로 나가면 재동인데. 이 일대를 뛰어다니며 '전쟁놀이'에 열중했다.

헌 자전거 살 끝에 있는 나사를 돌려 뺀 후 그 틈새에 성냥개비에 붙은 화약을 떼어내 그 속에 넣고 돌려막은 후 멀리 던지면 날아가서 터지면 지나가는 사람이 놀라는 것이 재미있었다. '6·25전쟁'을 예상이나 했던 것처럼 그땐 그런 전쟁놀이가 유행이었다.

나는 원서동에 살던 친구 김사행으로부터 소설책을 빌려 탐독했다. 그의 네 살 위인 형 김사목(金思穆)은 후에 영문학자 겸 시인이 된 문학청년이었기에 집에는 소설책이 많았다.

나는 당시에 나와 있는 많은 문학 작품을 빌려 읽었지만, 특히 김래성의 『백가면』과 『괴도 뤼팽』과 같은 탐정소설, 『삼국지』, 『수호

▶ 1945년 4월 재동초등학교 2학년 남산 방문-위 / 1944년 재동초등학교 인천소풍기념사진-아래.

지』 등 무협소설, 홍명희의 『임꺽정』(당시 7권까지 출간되었다.)을 몇 번씩 읽었다.

김사행은 천재였다. 6학년 때 우리 반에서 항상 박태영과 1, 2위를 다투었고 경기중학 입학시험에서도 둘이 1, 2등을 했다. '재동초등학교'가 좋은 학교였던 것은 3백명을 뽑는 경기중학교에 100명이 합격한데서 입증된다.

당시 학제는 5월에 졸업하고 6월 1일에 입학했다. 화동에 있는 경기중학교에 입학한 지 25일 만에 북한군의 남침으로 '6·25전쟁'이 터졌다.

부산피난시절

'1·4 후퇴' 때 우리 가족은 부산으로 피난을 갔다. 네 식구가 세 갈래로. 아버지께서 왜 그렇게 결정했었는지 알 수 없다. 먼저 누님을 친구 집, 피난 가는 편에 딸려 보냈다.

경기여자중학교 4학년 때이다. 재동국민학교를 함께 졸업했고 경기여중의 같은 학년인 '봉자'누나 집이다. 그 동생인 염영태는 나와도 재동을 함께 졸업했고, 경기중학도 함께 들어간 한동네 친구다. 지금은 미국에 이민 가서 살다 최근에 타계했다.

아무리 그래도 그렇지, 친구 집에 얹혀서 피난 갔던 누님의 고충과 심경은 어떠했겠는지 짐작하고도 남는다.

며칠 후, 어머니와 나는 종로 봉익동에 사시는 아버지 친구의 피난 가는 편에 따라갔다. 이삿짐을 실은 트럭에 함께 끼어 타고 서울을 떠나 인천으로 갔다.

어린 내 마음도 무척 위축되었지만, 어머니의 불편했던 마음은 상상할 수 없을 정도였다. 엄청나게 큰 배의 지하 화물칸에는 수백 명

▶ 고등학교 3학년 때 친구들과. 왼쪽이 저자~위 / 경기고교 동창·김석 교수(피아니스트), 조내벽(라이프주택 회장~작고),
김동호 형진한(전 진주MBC 시장), 조정형(작고), 고건(전 총리)~아래.

의 피난민이 함께 타고 있었다. 승선을 마친 저녁, 우리가 머물렀던 인천은 북한군의 폭격으로 불바다를 이루고 있었다.

천행으로 우리는 마지막 순간에 아슬아슬하게 인천을 탈출한 셈이다. 우리를 실은 화물선은 밤새 운항해 아침에 여수항에 도착했다.

며칠은 여수 앞 바다에 머물렀다. 부산에서 입항 허가를 기다리고 있다고 했다. 부산항에 도착했을 때는 밤중이었다. 도착했다는 소식에 갑판으로 올라갔다.

멀리서 보이는 부산은 고층 건물이 가득한 화려한 도시처럼 보였다. 후에 알고 보니 영주동 산등성이의 작은 집들에서 켜 놓은 불빛 때문이었다.

일행과 헤어진 어머니와 선착장 부두에서 쪽잠을 잔 후, 아버지가 소개해 준 영도의 도자기회사를 찾아갔다. 난감해하는 그 분의 주선으로 경비실에서 2~3일 지내다가 봉래동에 마련된 피난민수용소로 갔다. 가마니로 벽을 구획해서 임시로 급조한 수용소였다.

다음날부터 나는 국제시장으로 가서 오징어 세 축을 사서 들고 광복동, 남포동, 부산시청 앞을 뛰어다니며 팔았다. 경기중학교 모자를 쓰고. 꽤 잘 팔렸다. 이때부터 나의 '행상'은 본격화되었다. 모판을 짜서 어깨에 메고 다니다가 영도 봉래동 큰길가에 모판을 받쳐 놓고 팔았다.

주로 럭키 스트라이크, 카멜 등 양담배와 껌, 도롭프스 등 과자류, 라이터 같은 물건들을 받아다가 팔았다. 어머니도 행상을 하셨다.

그러던 어느 날, 서울에 혼자 남았던 아버지께서 피난민수용소에 찾아오셨다. 며칠 후 경북 영일로 떠났던 누님을 데리고 오셨다.

나는 보수동 네거리에 좌판을 벌여 놓고 장사를, 어머니는 여전히 거리를 누비면서 행상을 했다.

우리는 보수동에서 부둣가 뒷길의 수정동으로, 다시 범일동을 거쳐 용호동으로 이사를 했다. 용호동에서 고등학교 1학년까지 피난생활을 했다.

보수동에서 좌판을 펴고 장사했을 때 지나가는 선배가 근처의 용두산 공원에 경기중학교 분교가 생겼으니 가서 등록하라고 알려줘 찾아가서 등록을 했다.

그 후 서대신동 구덕산 중턱에 천막교사를 짓고 본교가 문을 열었다.

나는 용호동에서 서대신동까지 그 먼 길을 무임승차로 등교했다. 용호동은 뒷산에 공동묘지가 있던 해변마을이었다. 마을을 지나면 염전이 있고, 수산대학이 있었다. 수산대학을 지나 큰길로 나오면 수영비행장에서 범일동으로 가는 더 큰 길이 나온다. 그 길에는 트럭이 다녔다. 지나가는 트럭에 올라탔다가, 운전사가 차를 세우고 쫓아 나오면 얼른 뛰어내렸다가 떠나면 다시 올라타거나 아니면 다른 트럭을 타기도 하면서…

▶ 피난지 부산에서 모인 재동초등학교 동창생들.(1953년)

   범일동에는 시장 가운데로 기차가 다녔다. 그곳에서 천천히 지나
가는 기차에 올라탔다가 부산역 구내로 들어올 때 뛰어내렸다.
   달리는 트럭에 타고 내리는 데에는 선수가 되었다. 그러다 보니 학
교에 늦거나 빠질 때가 종종 있었다.

   더구나 학비를 낼 돈조차 없으니 월사금 안 낸 학생을 불러일으켜
세울 때마다 단골로 일어나야 하니 창피했다. 서울로 환도할 때까지
이렇게 중학교에서 고등학교 1학년까지 다녔다. 이처럼 4년간의 피
난생활을 했다. 중퇴를 했거나 비행청소년이 안된 것만이 천만다행
이었다.
   서대신동에서 용호동까지 4년을 매일 누비며 다녔으니 모르는 골

▶ 서울법대 동기들

목이 없었다.

이처럼 부산은 나에게 '애환의 도시'일 수밖에 없었다.

서울로 돌아온 후 청량리에 있던 초가의 한 칸 방을 얻어 살았다.

'사시'나 '행시'에 도전하는 건 가정 형편이나 자신도 없어 일찌감치 포기했고, 대학 3학년 때 논산훈련소에 입대했다.

철원 대광리 민통선 안에 주둔했던 포병대대에서 1년 반 동안 복무하고 제대를 했다. 2대 독자여서 법령상 6개월 복무였지만 대신 밟아 줄 사람도, 주변도 없어 그마저 포기했다.

1961년 '5·16' 직후, 9월 졸업을 앞두고 취직이 급했던 나는 가장 먼저 공개채용공고가 났던 '공보부'에 응시했고 합격함으로써 공직 생활을 하게 되었다. 9월에 있을 '은행시험'에 응시할 마음이 컸지만 그럴 여유가 없었다.

인생의 항로를 정해 준 결정이었고 오늘의 내가 있게 해준 계기였다. '우연'이면서 '필연'이었던 것 같다.

회고전 27

별난 모임 '86회'

| 논산훈련소 내무반 동기들과 66년간 교류

65년 전인 1958년 논산훈련소 한 내무반에서 훈련받던 예비역 졸병들이 지금도 한 달에 한 번 모이고 있는 '86회'라는 별난 모임이 있다.

지금은 어떤지 모르지만, 대학 3학년이 되면 군 징집 영장이 나왔다. 사병으로 입대하거나 간부후보생처럼 장교로 가거나 아니면 졸업할 때까지 연기했다가 졸업 후 입대하는 세 가지 중 하나를 선택해야 했다.

나는 재학 중에 '사법시험'이나 '행정시험'을 볼 가정형편도 아니었고 합격할 자신도 없어서 사병으로 군에 입대하기로 했다.

그해 11월 11일 서울법대 동기인 박종덕과 강상렬을 만나기로 약속하고 용산역의 지정된 장소로 가서 기차에 올랐다. 용산역 일대는 입대하는 청년들과 환송하는 가족들로 그야말로 인산인해였다.

SCENE 4 • 255

휴전 된 지 5년밖에 지나지 않아서였을까, 마치 전쟁터로 향하는 아들이나 형제를 환송하는 분위기였다.

나는 강상렬과 박종덕을 서로 인사시키고 같은 자리에 앉아 논산으로 향했다. 당시 서울법대는 법학과와 행정학과 각각 150명이 대부분 함께 강의를 들었기 때문에 같은 동기라도 잘 모르고 지나는 일이 많았다. 두 친구 사이도 그랬다. 박종덕은 고교동기였고, 강상렬은 경북사대부고를 졸업했지만 나는 청량리에, 상렬이는 이문동에 살았기 때문에 자주 만나 술잔을 기울였던 사이여서 친했다. 우리 셋은 내무반에서도 한 이불과 요를 사용했고 훈련소를 떠날 때까지 항상 함께 행동했다. 지금은 두 사람 모두 고인이 되었다.

논산훈련소에 도착해서 군복으로 갈아입고 신체검사 후 11월 13일 군번을 받았다. '0017091' 이른바 '빵빵' 군번이다. 일반병은 '1043…'으로 시작되었지만 우리는 '00…'으로 시작되었고 군 복무기간은 1년 6개월, 그 대신 최전방근무였다.

┃ 몇몇 회원은 자진 재입소 1박 2일 훈련도

고리도 중대장의 기지로 대부분 서울대와 고려대 학생을 중심으로 한 내무반이 편성되었다. 육군 제2 훈련소 23연대 8중대 6소대, 모두 47명이 한 소대원이었다.

강신옥과 오건호도 동기였고 이재성과 현의환은 1년 후배였다. 강신옥은 입대 후 바로 '사시' 합격통보를 받고 서울로 올라갔으나 군법무관으로 가지 않고 다시 돌아와서 훈련을 마쳤다.

▶ 논산훈련소 23연대 8중대 6소대 시절의 저자(뒷줄 왼쪽 네번 째)와 입소 동기들. 소대원 47명은 '86회'를 결성해 군 복무 후에도 60년 넘게 모임을 이어 오고 있다.(1958년 12월 24일)

　　권순원 라서영 박해용 신중현 이명재는 서울상대, 김종국 이동선 이우진 이인구 이주락 이환범 현용길은 서울공대, 정철해는 서울문리대, 김상규 김일환 김정수 김지영 김하중 오두영 유필조 이문환 이병길 이의영 이정호 장래상 장원호 정호원 채왕근 최강현 최민권은 고대, 강선봉은 중앙대, 현상훈은 한양대, 원항수는 연세대였던 것 같다.

　　우리는 같은 연령대의 대학생들이어서 바로 친숙해졌다. 영하 20도를 넘나드는 혹한 속에서 2개월간 고된 훈련을 받았다. 즐거운 추억도 많았다. 주말에 가족이 면회를 오면 몇 명이 따라 나가 점심을 같이하고 돌아오거나 훈련 도중 교관의 눈을 피해 '이동주보'에서 간

▶ '86회' 동기들이 2012년 8월 경기도 광주시 남종면 분원리에 있는 저자의 집에서 부부 동반으로 만났다. 앞줄 왼쪽부터 현의환, 이환범, 강상렬, 박해용, 권순원, 오두영, 신중현, 이재성. 뒷줄 왼쪽은 김하중.

식을 사 나누어 먹는 즐거움도 있었다.

특히 성탄절에는 성가대를 편성해서 이웃 막사를 돌기도 했다.

훈련이 끝나갈 무렵, 우리는 군 복무를 마치더라도 서로 만나자고 의견을 모았고 '8중대 6소대'를 줄여 '86회'를 결성했다. 각자의 약력과 주소, 좌우명을 적은 '비망록'을 인쇄해서 나눠 가졌다. 전방에 배치되더라도 외출이나 휴가를 나오면 무조건 매주 일요일 오후 1시, 광화문 종각 옆의 '자이언트'다방에 들르거나 메모를 남기자고 약속했다.

훈련소를 나온 후 우리는 대부분 전방 부대로 배치되었다. 나는 철원 못미처 대광리 민통선 안에 주둔한 '28사단 268포병대대'의 '포수'로 배치되어 1년 4개월간 이곳에서 복무했다.

▶ 제대한 직후 서울 '용금옥'에서 만난 86회 회원들.(1959년 11월)

처음 5~6개월은 힘들었다. 한겨울에 눈 덮인 산에 올라가서 나무를 베어 장작을 만들기도 했고, 호된 얼차려를 받기도 했다. 그 후 나는 대대본부의 행정을 맡아보면서 남은 기간 비교적 편하게 복무할 수 있었다. 우리는 1959년 5월 '일등병'으로 제대하면서 예비역으로 편입되었다.

입소 41년 주년 때 동기들은 논산훈련소를 다시 찾아, KBS-TV에 방영되기도

86회 회원들은 군에 입대했던 그해 11월 11일을 맞아 서울 종로구에 있는 한정식집 '용금옥'에 모여 단합대회를 가졌다. 이후 매년 이날이면 정기적으로 모이기 시작했고 각자 결혼하면서는 부부 동반으로 모이기도 했다.

그리고 논산훈련소 입소 41주년 되던 1999년 9월 2일, 우리는 논산훈련소에 자진 입소해서 1박 2일간, 훈련을 받기도 했다.

이 장면은 KBS가 훈련소에 내려와서 취재했고 9월 20일 '내무반 신고합니다'라는 TV 프로그램에 방영되었다.

우리는 대학 졸업 후 다양한 분야로 사회에 진출했다. 강신옥은 국회의원과 변호사, 박종덕(대우) 유필조(대우) 이동선(대한유조선)은 경영인, 장원호(미주리대) 최강현(홍익대) 오두영(예산농업전문대) 김일환(성신여대) 강선봉(고대) 이정호(덕수상고)는 교육계, 권순원(한일은) 신중현(제일은) 나서영(중소기업은) 이명재(중소기업은)는 금융계, 김하중(한전) 이재성(한전) 이주락(석탄공사) 최민권(석탄공사) 현의환(한전)은 정부투자기관, 채왕근은 목장을, 김상규 김종국 김지영 이인구 이환범 이병길 장래상 정철해 현용길 현상훈은 개인 사업을 각각 운영했다.

노정식 이의영 임성도는 미국으로, 유덕영 유병린 홍승만은 캐나다로 이주했다. 특히 장원호는 미국의 명문 미주리대학의 커뮤니케이션 교수로 오랜 기간 봉직하면서 한국의 많은 언론인과 교수를 배출했다.

나이가 들어가면서 우리는 매달 둘째 주 목요일 12시 30분, 서울 서초구 서초동에 있는 '기와집 순두부' 집에서 만나기로 하고 지금도 모이고 있다.

오랜 세월이 흐르면서 지금은 모두 은퇴해서 '백수'가 되었고 많은 친구가 우리 곁을 떠났다.

오건호 원항수 이우진 이종호 이명재 이주락 유득권은 제대 후 얼마 지나지 않아 타계했고 모임을 주도했던 채왕근 박종덕 김상규도 떠났다.

3년 전인 2021년 7월 30일 오랫동안 신중현과 함께 회장을 맡았던 강신옥 변호사가 고인이 되었고, 지난해 7월 17일에는 두 달 전에도 모임에 나왔던 초대 회장 박해용마저 타계했다.

최근엔 강상렬도 우리 곁을 떠났다.

2년 전까지만 해도 8, 9명은 모였는데 앞으로 몇 명이나 모이게 될지 모르겠다.

▶ 저자(오른쪽)와 함께 훈련소에 입소한 서울대 법대 동기 박종덕(가운데)과 강상렬(왼쪽).

1961년 '5·16' 직후 나는 9월 졸업을 앞두고 무엇보다도 취직이 급했다. '국가재건최고회의 직원모집' 공고가 가장 먼저 나왔다. 서울법대 동기인 이용권과 나는 '국가재건최고회의'로 찾아갔지만 '9월 졸업예정자'는 응시할 수 없다고 거절당했다.

7월 초 '공보부' 직원 채용공고가 두 번 째로 발표되었다. 행정요원 30명을 포함해서 국립영화제작소, KBS(당시 국영방송) 요원 등 100명을 모집했다. 다행히 '9월 졸업예정자'도 응시할 수 있어서 이용권과 나는 응시원서를 제출했다.

10대 1의 높은 경쟁률이었다. 경복고를 졸업하고 서울법대 동기

> 나는 기획조정관실에 근무하면서 한기욱,
> 홍태환 사무관으로부터 일을 배웠지만, 특히
> 오재경 장관과 김기완 조정관의 지시에 따라
> 거의 매일 새로운 계획서를 작성했고, 을지로
> 입구에 있던 인쇄소에서 밤새워 공판 인쇄한
> 후 제본하여 보고하는 '고된 훈련'을 거쳤다.

인 이용권은 나보다 머리가 좋았고 세 살 많았지만 '절친'이었다. 다행이 둘 다 합격했고, 8월 4일 나는 기획조정관실의 '촉탁'으로 발령받았고, 9월 24일 '행정주사보'로 정규직 공무원이 되었다. 오랜 기간 문화공보부에서 함께 일했던 이용권도 지난 2020년 11월 내 곁을 떠나갔다.

공보부에 들어간 것은 오늘의 내가 있게 한 '인생의 전환점'이었다. 만약 국가재건최고회의에서 9월 졸업생에게도 응시 자격을 주었고, 또 합격했었다면 나는 당시 중앙정보부로 발령받았을 것이고, '유능한 수사관'으로 복무했었을 것이다. 나는 초등학생 때부터 김래성의 탐정소설을 탐독했고 르블랑의 『아르샌 뤼팽』과 코난 도일의 『셜록 홈스』의 광팬이었기 때문이다.

공보부의 직원 채용공고가 발표되지 않았다면 9월까지 기다렸다가 당시 최고의 '선망 직업'이었던 국책은행이나 시중은행에 취업했을 것이다.

'공보부'의 기능은 다양하게 바뀌어 왔다. 1948년 7월 17일, 정부수립과 동시에 공보처로 출범했다가 1955년 2월 7일 대통령 직속의 공보실로 개편되었다. 1960년 7월 1일 내각책임제로 바뀌면서 국무총리 산하 국무원사무처의 공보국과 방송관리국으로 축소되었고 1961년 6월 22일 공보부로 승격되었다. 그 후 문화공보부(1968.7.24)를 거쳐 현재는 문화체육관광부(2008.2.29)로 확대되었다.

┃ 일을 가르쳐준 김기완 조정관, 성 김의 부친

내가 공보부에 들어갔을 때 오재경 장관과 이원우 차관이 부임해 있었고 김기완 기획조정관 밑에서 일을 배우기 시작했다. 김기완 조정관은 후에 중앙정보부로 옮긴 후 주일한국대사관에 근무했던 김재권 공사였고, 성 김 전 주한 미국대사의 부친이다.

여하튼 나는 기획조정관실(1963.12.16 기획관리실로 변경)에 근무하면서 한기욱, 홍태환 사무관으로부터 일을 배웠지만, 특히 오재경 장관과 김기완 조정관의 지시에 따라 거의 매일 새로운 계획서를 작성했고, 을지로 입구에 있던 인쇄소에서 밤새워 공판 인쇄한 후 제본하여 보고하는 '고된 훈련'을 거쳤다.

일주일에 한 번 집에 들를 정도로 정신없이 밤새워 일했다. 신라문화제 창설, 향토문화공로상 제정, 대종상 창설, 1962 파리국제민속예술제 참가계획, 신문용지의 관세율 인하계획, 16밀리 극영화제작 보급계획, 영화제작기구개편(안), 방송기구개편(안) 등 수많은 계획들을 만들었다. 이 중에는 실현된 것도 있고 폐기된 것도 많았다.

이처럼 계획서를 만들고 수정하고, 원고를 쓰고, 보고자료 만들며, 인쇄소에서 밤새워 교정을 보고 인쇄하는 등 좌고우면하지 않고 우직하게 일하면서 30년간의 공직생활을 시작했다.

오래전에 고인이 되었지만, 오재경 장관과 김기완 조정관으로부터 나는 '기획 능력'을 키울 수 있었고, 공무원으로서 성공할 수 있는 자질과 초석을 다질 수 있었던 것 또한 큰 행운이었다.

이처럼 살다 보면 우리는 많은 '기회'와 만나게 된다. 그 기회들은 '선택적'일 수도 있고, '필연적'인 경우도 있다. 중요한 것은 어느 쪽이든 주어진 기회를 최선을 다해서 자기의 것으로 만드는 지혜와 노력이라고 생각한다. 성공하고 실패하는 것은 별개의 문제다.

이것이 지금까지 걸어 온 내 삶의 방식이었다.

회고전 28

테니스와 함께한 50년

| '땀 흘리고 한잔 재미 쏠쏠' 50년간 라켓으로 건강 지켜

테니스를 시작한 것이 50년도 넘는다. 제대로 레슨을 받지 않고 '동네 테니스'로 출발했지만, 영국 윔블던 경기와(1976년) 롤랑가로의 프랑스오픈(2002년)을 현장에서 관람했고 뉴욕의 내셔날 테니스장 센터코트에서 게임도 해 보았을 뿐 아니라(1983년), 호주오픈이 열리는 멜버른의 국립테니스코트에서 인증 샷도 찍었으니(1994년) 아마추어 테니스인으로 나처럼 '행운아'는 없을 것 같다.

70년대를 거쳐 80년대의 전성기에는 테니스에 미쳐, 주말에는 코트에서 살았고. 전국 직장대회에 주전 멤버로 여러 차례 출전도 했었지만 80대 중반을 넘어서면서 지금은 '체력과 기량'이 기하급수적으로 떨어져 50년 전의 초보 수준으로 되돌아갔다.

허리와 무릎이 전과 같지 않고 특히 연골이 다 닳아서 지난 해 (2023) 9월부터 그 좋아하던 테니스를 중단하고 말았다. 그런대로 지금까지 내 건강을 지켜준 것은 테니스기 아닌가 생각한다.

SCENE 4 • 265

| '문공부장관배 대회' 창설해 매년 주관

1972년 1월 오래 거주하던 청량리를 떠나 강남구 신사동 '영동공무원아파트'로 이사했다. 서울시에서 하급직원을 위해 강남구 신사동 네거리 언덕 위에 조성한 12평과 15평 아파트였다. 아파트 입구에서 보면 정면 중앙에 지하상가가 있는 아파트 한 동이 있었고 오른쪽으로 6개 동, 왼쪽 언덕에 5개 동이 있었던 것 같다.

왼쪽 아파트로 올라가는 도로와 중앙의 마당사이에는 경사진 벽이 있었다. 벽의 경사가 직각이 아니어서 벽에 맞은 공이 완만한 곡선을 그리며 내려왔기 때문에 테니스코트의 백보드처럼 '벽치기'를 하기에는 안성맞춤이었다.

어느 날 아침 젊은 친구가 마당에서 그 벽을 향해 테니스공을 치고 있었다. 2, 3일 지나 벽치기 하는 청년이 두, 세 명으로 늘었고 나도 나무 테로 만든 일제 '후타바야' 라켓을 구입, 벽치기에 합류했다.

그해 6월 서울시에서 제3한강교(지금의 한남대교) 이남의 강남대로를 포장하면서 아파트로 올라오는 길과 마당까지도 해주었다. 그런데 포장된 마당이 꼭 테니스코트 한 면에 해당했다.

벽치기를 하던 김종형 김계성 안국수 등 8명이 모여 마당에 테니스코트를 만들었고 '영동 공무원아파트 테니스클럽'(영공클럽)을 결성했다. 우리는 매일 아침, 테니스를 한 후 출근했고 주말에는 마당에 있는 코트에서 살았다.

1974년 9월 8일 효창 테니스코트에서 열린 제4회 서울시장기 쟁탈 테니스대회에 처음 참가해서 3등을 했다. 주부들이 도시락을 싸

▶ 제1회 대통령배 쟁탈 중앙행정기관 대항 공무원 체육대회 테니스 예선 통과 후 기념 촬영을 했다. 뒷줄 왼쪽 네번 째가 저자, 여섯 번째가 이진희 문화공보부 장관.(1983년 5월 1일)-위 /
홍릉 문공부 테니스코트 개장식. 앞줄 왼쪽부터 저자(기획관리실장). 이광표 장관, 김은호 차관, 유운소 문화재 관리국장. (1980년)-아래

▶ 문화부·공보처 직원 테니스대회. 앞줄 왼쪽 여덟 번째가 저자.(1991년 11월 3일)

와서 응원을 했고, 아파트 마당에서 밤새도록 자축모임을 가졌던 것이 어제 같다. 1976년 제7회 대회에서도 3위를 했지만, 그 이후 프로선수들이 대거 참가하기 시작하면서 대회 출전을 포기했다.

초창기 창설멤버였던 김종형은 아르헨티나에서, 김계성은 과테말라에서 타계했지만 조금 뒤에 참여한 김종관 김중조 김인수 김진우 김성간 권석태 김태영 민태기 이영진 이예화 유태엽 윤기웅 등은 지금도 일 년에 한 번 부부 동반으로 만나고 있다.

나의 테니스 열기는 직장인 문화공보부로 이어졌다. 보도국장을 맡고 있었던 1974년 4월 14일 문화공보부 테니스클럽인 '문정회'를 결성, 제1회 창립대회를 개최했고 1975년, '총무처 장관배 부처 대항 테니스대회'가 열리면서 3등(1975년)도 했고 준우승(1979년)도 했다.

그때만 해도 각 신문·통신사의 편집국장·주필 등 간부들이 대부분 테니스를 좋아했다. 나는 주말이면 각 언론사와 테니스 친선경기를 가지면서 우호를 다졌다. 특히 합동통신·동양통신과는 함께 정기적으로 게임을 하면서 합동통신의 유승범 국장, 이재전 부국장, 송용식, 김영일 부장과 동양통신의 임철규 국장, 갈천문, 하순오, 황해성 부장과 친해질 수 있었다. 동아일보의 권오기 국장과 김진현 논설위원, 조선일보의 신동호 국장을 비롯한 많은 언론인들과도 테니스를 함께 했다.

1980년 8월 기획관리실장을 맡으면서 홍릉에 있는 세종대왕기념관 안에 4면의 직원전용 테니스코트를 만들고 이곳에서 봄, 가을에 '문공부장관 배 직원테니스대회'를 개최했다. 멀리 경주박물관에서도 참가했고, 금산의 칠백의총 직원들도 참여해서 매회 120여 명이 모였다.

1976년 5월 2일 기존의 언론사 기자 중심의 '펜클럽대회'와는 별도로 '문화공보부장관배 언론기관 테니스대회'를 창설해서 매년 이를 주관하기도 했다. 문공부에서 나와 함께 주전멤버였던 김치곤 남상호 국장은 세상을 떴고 남수진 윤석조 심영갑 민병창은 지금도 가끔 만나고 있다.

특히 문공부 직원은 아니면서 홍릉코트에서 자주 어울렸던 15년 연하의 박희성은 영원한 '복식파트너'로 작년까지도 가끔 만나 함께 운동을 했다.

1976년 6월 29일 나는 영국 공보성(IOC) 초청으로 3주간 영국을 방문했다. 런던에 도착했을 때 윔블던경기가 중반에 접어들고 있었다. 지하철에 포스터가 도배를 하고 있었고, TV에서는 종일 경기 장면을 중계하고 있었다.

나는 입장권을 구하기 위해 초청기관인 공보성은 물론 주영 한국 대사관과 공보관, KBS특파원 등 여러 곳에 알아보았지만 이미 4~5개월 전에 매진되어 불가능했다.

7월 2일 금요일 오전 일정이 끝나자마자 전철로 사우드 필드의 윔블던 지역으로 갔다. 경기는 못 보더라도 코트라고 구경하기 위해서였다.

당시 센터코트에서는 체코의 마르티나 나브라틸로바를 제치고 올라온 미국 크리스 에버트와 영국의 웨이드 선수를 가볍게 물리치고 올라온 호주의 이본느 쿨리(예명: 굴라공)의 여자 단식결승전이 진행되고 있었다. 센터코트에 도착했을 때, 천행으로 '남은 표'를 파는 사람을 만나 경기 도중인데도 30파운드(당시 약 3만원)를 주고 입장권을 살 수 있었다. 에버트가 6:3, 4:6, 8:6으로 신승했지만 이 경기는 두 선수의 경기내용, 매너 등 모든 면에서 윔블던 역사상 '명승부'의 하나로 기록되는 빅게임이었다.

그 경기를 현장에서 참관할 수 있었다는 것 또한 행운이었고, 귀국 후 '테니스 저널' 9월과 10월호에 참관기를 연재했다.

다음날인 토요일은 남자 단식결승이 있는 경기 마지막 날이었다.

운이 좋으면 또 남은 표를 살 수 있다는 기대감으로 아침 일찍 윔

▶ 영공테니스클럽 회원들. 앞줄 왼쪽부터 김진우, 남수진, 김태년, 박상록, 권석태, 뒷줄 왼쪽부터 김계성, 홍종우, 저자, 한익수, 김중조, 김인수.

블던 파크로 갔고 100파운드의 거금을 들여 입장권을 구입했다. 루마니아의 일리 나스타제 선수와 스웨덴의 비외른 보리 선수의 결승전과 여자복식, 혼합복식 결승전 세 게임을 관람했다.

남자 단식 결승전은 비외른 보리가 예상을 뒤엎고 3:0으로 가볍게 우승했고 그 후 연달아 다섯 번을 제패하는 놀라운 기록을 세웠다.

2002년 5월 칸영화제에서 영화 〈취화선〉으로 임권택 감독이 감독상을 받았다. 한국영화가 칸에서 처음 수상한 쾌거였다. 나는 시상식이 끝난 다음 날 파리로 왔다. 프랑스의 거장 감독인 베르트랑 타베르니에 감독과 지금은 고인이 된 피엘 리시앙과 저녁을 한 후 다음 날 서울로 오기 위해서였다. 한국식당 '우정'에 갔을 때 우연히 주원홍 테니스 감독 일행을 만났다. 다음 날 오전에 이형택 선수가 프랑스오픈 1회전에 출전하는데 관람하겠느냐고 묻는다. 나는 주저 없이 가겠다고 응답하고 입장권을 받았다.

┃ 프랑스 오픈 이형택 경기를 다 못 보고 귀국

다음 날 아침 체크아웃하고 짐을 호텔에 맡긴 후 전철로 경기가 열리는 롤랑 가로로 달려갔다. 독일선수와의 대결에서 첫 세트는 이형택 선수가 졌지만 두 번째 세트에서는 이형택이 앞섰는데 비가 와서 경기가 두 번이나 중단되었다. 나는 더 이상 기다릴 수 없어 호텔로 돌아와서 서울로 오는 비행기에 탑승했지만, 이 경기에서 이형택 선수는 아깝게 탈락했었다.

1983년 미 국무부초청으로 한 달간 미국 갔을 때였다. 5월 1일 뉴욕에서 노스 캘로라이나로 향하는 도중, US오픈이 열리는 뉴욕의 내셔날 테니스장의 센터코트에서 유엔본부에 근무하는 대표부 간부와 테니스 한 게임을 하고 떠났던 일은 기억에 생생하다. 1994년 호주를 방문했을 때는 호주오픈이 열리는 멜버른 테니스코트에서 인증샷도 찍었다. 이처럼 4대 메이저대회 현장에 가 본 것 또한 행운이었다.

지난 50년간 나는 여러 '테니스클럽'과 인연을 맺게 되었고 많은 동호인을 만났다. 90년대 이후만 해도 서초동의 양재테니스코트가 개장하면서 매주 화요일 오후에 대한제분의 이희상 회장이 이끄는 '화동회'에서 고교 후배들과 어울렸고, 양재코트가 폐쇄되면서 10여 년간 이어 오던 테니스 모임은 중단되었었다. 그 이후 화동회 멤버들은 대부분 '골프'로 전향했지만 매년 부부 동반으로 송년모임을 하고 있다.

1992년 홍릉 문공부 코트 또한 영화진흥공사 사옥이 들어서면서 없어지자 주말에는 중곡동에 있는 국립정신병원 코트에서 이성근 회장이 이끄는 '우정회' 멤버들과 합류했지만, 병원신축공사로 그 모임 또한 중단되기도 했다.

그 후 잠원동의 실내코트에서 이창우 총무가 이끄는 '얼리버드' 모임에 가입했고, 매주 일요일 아침 6시에서 8시까지 테니스를 함께해 왔다.

그러다 5년 전 10여 년간 함께 운동하던 '얼리버드클럽'이 잠원동에서 고척동으로 코트를 옮기면서 거리가 너무 멀어 아침 운동을 포기할 수밖에 없었다.

2~3년 테니스를 중단하고 있던 차에 재작년 11월 예장로타리클럽의 최영미 회우의 소개로 박병관 이대훈 회장이 이끄는 '첨일회'에 가입하게 되었고, 매주 금요일 오후에 고교 18년 후배들과 테니스를 함께 했다. 점심 약속이 없는 일요일 아침에는 '얼리버드' 멤버였던

대학 29년 후배(85학번)인 이화여대 서을오 최유리 교수 부부와 그보다 7~8년 연하인 천수현 부부 및 한성엽과 양평 강화면 테니스코트에서 조우했다.

다른 운동도 같겠지만 테니스는 무엇보다 '땀 흘리고 맥주 한잔 들이키는' 재미가 쏠쏠해서 좋다. 특히 남녀노소, 상하 구별 없이 함께 어울릴 수 있는 운동이어서 더더욱 매력적이다. 지난 50여 년간 테니스를 통해서 각계각층의 많은 사람과 친해질 수 있었고 특히 젊은 사람들과 어울릴 수 있었던 것은 소중한 추억이고 자산이다.

목포의 '오빠부대'

ㅣ매년 영화제 폐막식에만 참석 후 목포로, 30년을 변함없이 다져온 우정

　1975년 문화공보부 보도국장으로 근무할 때였다.

　당시 보도국장은 문화공보부 대변인을 겸했고 국무회의에 배석한 후 끝나면 중앙청 기자실에 들려 정치부 기자들에게 상정되었던 국무회의 안건과 그 결과를 브리핑하는 일도 맡고 있었다. 문화공보부에 출입하는 각 신문·통신·방송사의 문화부 기자들에 대한 정부 발표 또는 취재지원 업무뿐만 아니라 언론분야의 주무 국장 역할도 수행하는 자리였다.

　8월 19일, 문화부 출입기자단과 중앙청 인근 '불고깃집'에서 오찬을 끝낸 후 기자실로 돌아오는 길이었다. 서울신문사 문화부에 근무하다가 합동통신사로 옮긴 후 문화공보부에 출입하게 된 박연호 기자가 "가끔 문공부 대변인 명의로 대북 규탄 성명서를 내왔기에 무섭게 생긴 줄 알았는데 만나보니 그렇지 않네요"라고 말을 건네 왔다.

▶ 목포의 '오빠부대'들 왼쪽부터 강두모, 이태훈, 저자, 박윤서, 박연호, 김성수, 박종두, 박삼석–위 /
박연호와 저자–아래 왼쪽 / 이태훈, 저자, 박삼석–아래 오른쪽

문공부 출입기자들과 맺은 인연이…

그는 목포의 문태고(文泰高)를 졸업하고 서울대 문리과대학 국어국문과를 졸업한 엘리트기자였고 정곡을 찌르는 예리한 질문과 은유적인 표현을 잘 쓰는, 한학에 조예가 깊은 기자였다.

그 후 우리는 둘이서 혹은 다른 기자들과 함께 후암동에 있던 '창익집'이나 '곱창집'에 가끔 들려 소주잔을 기울이면서 친해졌다.

합동통신 기자였던 박연호 기자는 1988년 12월 10일 창간한 국민일보로 옮겼고 문화부장과 논설위원을 거쳐 퇴사했지만, 지난 50년간 '죽마고우' 이상의 '절친'으로 지금까지 자주 만나고 있다.

1995년 4월, 공연윤리위원회(지금의 영상물등급위원회)에서 물러나 처음으로 '백수' 생활을 하고 있던 여름이었다.

1995년 7월 31일 휴가 중인 박연호 논설위원을 반포 고속버스터미널에서 만나 무작정 고속버스로 전남 광주로 갔다. 버스 안에서 전화해 시립도서관에 근무하는 그의 친구를 저녁에 만난 후 함께 밤늦도록 술을 마신 후 여관에 투숙했다.

아침 해장에 반주를 곁들인 둘은 택시를 타고 장성에 거주하는 박연호 위원의 초등학교 교장 선생님을 찾아갔다. 오후에 찾아뵙기로 했는데 아침에 찾아간 우리를 반갑게 맞이한 선생님께서는 근처에 있는 장어식당으로 안내한 후 아침부터 함께 소주 열 병 이상은 마셨던 것 같았다. 술도 잘하셨고 쾌활하신 분이셨다.

모두 취한 상태에서 선생님과 작별한 우리는 다시 택시를 타고 목포로 향했다.

저녁에 도착한 박연호 위원과 나는 그의 친구인 박삼석과 이태훈을 만났다.

박삼석은 가구점을 운영하고 있었고, 연세대를 졸업한 이태훈은 가업을 이어 2대째 '갑자원' 모자점(帽子店)을 운영하고 있었다.

이미 만취 상태였던 박 위원은 일식집에서 두 친구를 나에게 소개해 준 후 사라졌다. 목포 토박이인 두 사람과 함께 밤늦도록 소주를 마셨다. 내일 아침 '홍도'에 함께 가자고 제의하면서 여객선을 예약해 달라고 부탁했다. 둘과 헤어진 후 호텔에 오니까 박연호 위원이 자고 있었다.

아침 일찍 일어난 나는 박 위원을 깨운 후 홍도로 가는 여객선을 타기 위해 아침 5시에 부두에서 두 친구를 만나기로 약속했다고 했더니 펄펄 뛰면서 반대했다. 휴가철 성수기여서 설혹 배를 탈 수 있다고 해도 잘 곳이 없어서 못 간다는 것이었다.

둘은 5시에 터미널로 나가 박삼석과 이태훈을 만나 다시 해장 겸 술을 마신 후 홍도행은 포기하고 그 대신 택시로 영암 도갑사를 찾았고 귀로에 세발낙지의 원산지인 독천의 음식점에서 아침 겸 해장술을 나눈 후 터미널로 돌아왔다. 목포 인근 해안을 순회하는 유람선을 탄 후 첫 번에 도착하는 섬에 내리기로 결정했다.

소주 10병과 안주를 산 후 문인도인 '달리도'에 내려 유람선이 돌아올 때까지 또 술을 비웠다. 다시 목포에 귀항한 후 박연호는 또 사라졌다가 밤늦게 나타났고 나는 두 친구와 늦게까지 횟집에서 술을 마시고 있었다.

두 친구와 헤어진 박연호와 나는 음식점 앞에서 박연호의 지인을 만나 다시 목포의 문화예술인들이 모여 있다는 한정식집으로 가서

▶ '목포 오빠부대' 멤버들-왼쪽부터 이규섭, 저자, 박삼석, 박종두, 이태훈-위 /
'한때회' 멤버들. 왼쪽부터 박연호 기자, 박찬교 기자, 정경아 기자, 박찬교 부군, 저자, 양재선-아래

> *3박 4일을 한시도 쉬지 않고 술을 마시면서*
> *만취 상태로 광주-장성-목포-영암-목포-광주*
> *를 여행한 '명정(酩酊) 100시간'의 기록이었다.*
> *둘이 귀경한 후 주량이 적었던 박섬석과 이태*
> *훈은 병원에 입원했었다는 후문이었다.*

주석에 합석했다.

그 후 만취 상태로 호텔에 투숙한 후 아침에 광주를 거쳐 서울로 돌아왔다.

3박 4일을 한시도 쉬지 않고 술을 마시면서 만취 상태로 광주-장성-목포-영암-목포-광주를 여행한 '명정(酩酊) 100시간'의 기록이었다. 둘이 귀경한 후 주량이 적었던 박섬석과 이태훈은 병원에 입원했었다는 후문이었다.

1년 후, 부산국제영화제 창설을 준비하고 있었던 나는 다시 박연호와 목포를 찾았다. 목포에서 박삼석이 운전하는 승용차로 해남의 '윤탁가(尹鐸家)'를 찾았다.

지방문화재로 지정된 '윤탁가'는 외우(畏友)인 윤탁 사장의 넓은 기와집이었다.

해남 출신인 윤탁은 나보다 4년 연상인데 광주고등학교를 졸업하고 연세대 법과대학을 나온 후 1961년 7월 공채(公採)로 나와 함께 공보부에 들어와 28년간 함께 근무한 '절친'이었다.

그는 방송관리국장, 국립현대미술관장, 주일본대사관 공사 겸 한국문화원장, 중앙국립극장장을 거쳐 내 후임 영화진흥공사 사장을 지내다가 1995년에 퇴임한 후 해남의 옛집에 낙향해 있을 때였다.

고산(孤山) 윤선도(尹善道) 13대손이었던 그의 권유에 따라 나는 초대 '고산 윤선도기념사업회' 이사장을 맡아 해남 보길도의 유적들을 탐방하고 종손을 만나 인사하기도 했었다.

'윤탁가'를 찾은 우리 셋은 하루를 묵고 조찬 후 윤탁과 함께 목포로 돌아와서 목포대학의 박종두 교수, 약국을 경영하는 김성수 사장을 만나 원조 맛집인 삼합(三合)식당과 세발낙지식당 등을 순례했다. 박윤서 화백이 후에 우리 일행에 합류했다. 그 후 이들 목포친구들이 서울을 방문했을 때는 박연호와 국민일보 입사 동기인 강두모, 이규섭 기자와 임순만 기자가 합석했고 우리 일행이 목포를 찾아가면서 친교를 다졌다.

부산까지 찾아온 '목포의 오빠부대'

1998년 10월 제3회 부산국제영화제 개막식에는 서울과 목포에서 모두 참석했지만, 워낙 바빴던 내 일정으로 제대로 모임을 하지 못하자 1999년 제4회 영화제 때는 폐막식에 참석한 후 아침에 해장을 겸해서 위스키 한, 두 병을 함께 마신 후 목포로 돌아갔다. 2010년 내가 부산국제영화제를 떠날 때까지 한해도 거르지 않고 매년 서울과 부산에서 폐막식에 왔다가 다음날 서울과 목포로 각각 돌아가면서 이들은 이른바 '목포의 오빠부대'가 되었다.

2019년 강릉국제영화제를 창설해서 2021년 영화제가 중단된 3년간에도 목포 '오빠부대'는 강릉을 찾았었다. 박연호와 나는 또 다른 모임을 만들어 자주 어울렸다.

한때 잘 나갔던 사람들의 모임인 '한때회'를 만들어 내가 보도국장, 공보국장,국제교류국장과 기획관리실장 때 10여 년간 함께 근무했던 양재선과 그의 남편인 송일석, 코리아타임즈의 정경아 기자, 연합통신의 박찬교 기자가 매월 정기적으로 만났다.

그리고 서울신문의 박강문 문화부장, 이영숙 논설위원, 우혜진 기자 등과는 서울칼럼니스트 모임인 '서칼모'를 만들어 자주 만났다.

그 후 국민일보 입사 동기인 강두모, 이규섭 기자와 박연호와 나는 '삼수회'를 결성, 지금도 매월 셋째 주 수요일에 만나 점심을 한다.

최근 박연호는 건강이 안 좋아 투병 중이고, 목포의 이태훈은 서울로 올라와 요양 중이다. 모두 쾌유하기만을 빈다.

최현 그리고 최승희

| 영화인 보다 무용계 사람들을 더 자주, 많이 만나게 되면서

문화공보부 시절부터 나는 무용가들과 어울리기를 좋아했다.

바쁜 일정 속에서도 그들의 공연은 가능한 한 참석했다. 송범 임성남과는 자주 술자리에 어울렸고 강선영 김문숙과도 비교적 자주 만난 편이었다. 1989년 모스크바영화제에 참석하기 전, '한국의 밤' 행사를 기획하면서 때마침 레닌그라드 공연을 마치고 모스크바에 도착하는 김매자 단장에게 '창무예술단' 단원들에게 한복을 입고 참석케 함으로서 분위기를 고조시키기도 했다. 지금도 창무예술단 공연에는 거의 빠짐없이 참석한다.

김천흥 김매방의 전통무용, 김백봉 김문숙의 한국무용, 김복희 김화숙무용단(1971년 설립, 1992년 해체)과 박명숙의 현대무용, 육완순의 '슈퍼스타 예수 그리스도'도 즐겨 보았던 무용공연이었다.

특히 육완순 이사장과는 친해서 (사)현대무용진흥회의 고문을 맡기도 했고, 주제넘게 '국제안무가페스티벌'의 예술감독 또는 심사위

▶ '세계무용의날' 기념식에서 무용인들과.(2022년)

원을 맡기도 했다. '한국현대무용 50년' 행사에는 육완순 선생과 공동조직위원장을, '육완순 현대무용 50년 페스티벌' 행사에는 박일규 선생과 공동 추진위원장을 맡아 진행했다.

또 육 선생께서 타계하시면서 1주년이 되는 2022년 7월 21일에는 아르코예술극장 대극장에서 열린 추모 공연 '육완순 그녀에게'를 하정애와 공동조직위원장을 맡기도 했다.

한국현대무용진흥회의 후임 양정수 이사장과는 2023년부터 개최하고 있는 'K-Wave 댄스 페스티벌' 행사의 공동조직위원장을 맡아서 이를 주관하고 있다.

또한 2022년 9월 2~3일에는 박명숙 교수와 함께 김백봉 선생님

▶ '세계무용의날' 기념식에서 윗줄 왼쪽부터 이세윤(서울사이버대 이사장), 양정수, 신현웅, 최정자, 박명숙, 조윤라 / 앞줄 왼쪽부터 김민희, 저자, 김숙자, 김정수 등 무용인들.

의 부군이었던 '안제승 탄생 100주년 기념사업회'의 공동조직위원장을 맡아 국제학술회의와 사진전시회를 추진하기도 했다.

역대 국립발레단 단장과 문훈숙 유니버설 발레단 단장과 친하기 때문일까. 웬만한 발레공연도 거의 빠짐없이 관람한다.

임성남 초대 단장(1962~1992)에 이어 문화부 차관 시절 뉴욕에 거주하던 김혜식 무용가를 2대 단장(1993~1995)으로 초빙하기도 했다.

3대와 6대 단장인 최태지(1996~2001, 2008~2013) 단장 때는 공연 관람이 뜸했었지만, 4대 김긍수 단장(2002~2004) 때도 국립발레단 공연은 빠짐없이 관람했을 뿐 아니라 '세계무용의 날' 행사를

'허행초 모임'은 2000년 '허행초상'을 제정하면서 제1회 수상자로 손기상 삼성문화재단 고문이 수상했고, 2001년 12월 27일 내가 제2회 허행초상을 수상했다. 그 후 한상우 김영태 조동화 선생께서 수상했지만, 시상제도가 없어졌다.

주관하고 있는 요즘도 그의 행사에는 거르는 일이 없다.

5대 박인자 단장과는 '허행초 사람들'과 '서울예장로타리 클럽'의 같은 회원이어서 30년 넘게 매달 여러 차례 만나는 '절친'이다. 때문에 그가 주관하는 '대한민국발레축제', '한마음 무용축제' 등 모든 무용 행사에는 단골로 참석한다.

그리고 현 제7대 강수진 단장(2014~현재)이나 창설부터 지금까지 이끄는 문훈숙 유니버설 발레단장이 주최하는 발레공연 또한 거의 빠짐없이 관람하고 있다.

올해 8회를 맞는 서울무용영화제(집행위원장 정의숙)는 창설 때부터 자문위원장을 맡고 있고, 안애순 교수가 국립 현대무용단장으로 재직하는 동안에는 그가 기획한 '렉쳐 퍼포먼스' 공연을 감명 깊게 보기도 했다.

사정이 이렇다 보니 나는 영화인 보다 무용계 사람들을 더 자주, 더 많이 만나고 있는 셈이다.

그러나 생전은 물론 사후에도 오랜 기간 그 '연'(緣)을 이어오고 있는 분이 바로 무용가 최현(崔賢) 선생이다.

최현 선생은 1929년 12월 6일 부산에서 태어나 2002년 7월 8일 73세로 타계하기까지 '영화배우로, 무용교육자로, 한국 최고의 무용가와 안무가로, 이 시대의 마지막 낭만주의자'로 일생을 사셨던 분이다.

1994년 12월 2일과 3일, 장충동 국립극장에서 '허행초, 최현 춤 작품전'이 개최되었다. 공연이 끝난 후 뒤풀이에 최현 선생과 부인인 원필녀 여사를 비롯해 차범석 김수용 육완순 최만린 이태주 김영태 이종덕 한상우 손기상 이세기 박인자 등 문화계 인사들이 모여 '허행초'모임을 만들었다. '술과 사람'을 좋아했던 최현 선생과 연희동이나 인사동에서 자주 어울렸다.

| 최현 선생과 '허행초 모임'

나는 첫 모임에는 빠졌지만, 그 후 술자리에 가끔 합류했고, 1996년 이종덕 사장이 '서울예장로타리클럽'을 창립하면서 같은 창립회원이었던 최현 선생과 자주 어울렸다.

'허행초 모임'은 2000년 '허행초상'을 제정하면서 제1회 수상자로 손기상 삼성문화재단 고문이 수상했고, 2001년 12월 27일 내가 제2회 허행초상을 수상했다. 그 후 한상우 김영태 조동화 선생께서 수상했지만, 시상제도가 없어졌다.

2017년 6월 28일, 국립극장에서 개최된 최현 선생 15주기 추모 공연에 앞서 '우리 춤원'(대표 윤성주) 주최로 열린 '세미나'에서 나는 최현 선생을 기리는 '기조 강연'을 했다.

'허행초 모임'은 차범석 예술원 회장, 김수용 감독, 이종덕 사장이 역대 회장을 맡았다. 2019년, 이종덕 사장이 타계한 후 지금은 내가 회장을 맡고 있다.

▶ 제2회 '허행초 상'을 수상받고 있는 저자와 최현 무용가.(2001년 12월 27일)

많은 분이 우리 곁을 떠나 이제는 강순자 김영재 도정림 박인자 백연옥 오중근 원필녀 이실 이진배 이태주 한용외(가나다순), 김효정(강사) 등 이 회원으로 있고 매월 마지막 월요일에 정기적으로 만나고 있다.

나는 무용가 최승희와도 인연이 깊다.

1911년 11월 24일 강원도 홍천군 남면 제곡리에서 태어나 숙명여학교를 졸업한 후 일본으로 건너가 이시이 바쿠의 무용연구소에서 수학한 최승희는 '일본적인 색', '중국적인 몸짓', '한국적인 선'을 체현한 현대무용의 선구자였다. 한국 일본은 물론 유럽과 북·남미를 순회하면서 한국무용을 세계에 알렸고, 1952년 이후에는 북한으로 가서 1969년 8월 8일 사망할 때까지 평양을 중심으로 활동했다.

▶ 제2회 최승희 춤축제에 참석한 김백봉 선생님과 저자.(2007년)

| 무용가 최승희 축제와 기념사업회의 좌절

최승희가 강원도 홍천군 남면 제곡리에서 태어난 것을 처음 밝혀 낸 사람은 1982년 홍순우와 김유정문학관 전상범 촌장으로 알려졌 지만, 거의 같은 시기에 강원일보 기자와 GTB강원방송의 대기자로 활약한 함광복 기자가 이를 대대적으로 보도하기 시작함으로써 널리 알려지기 시작했다.

함광복 기자는 나와 동향인 강원도 홍천군 태생이고 나보다는 연 하이지만 오랜 기간 교류해 온 친구다. 그는 노승철 홍천군수를 설 득, 2005년 9월 홍천군과 GTB강원민방으로 하여금 (재)강원발전 연구원에 '최승희 춤 문화관광개발사업용역'을 주었고 그 후 나는 그의 제안에 따라 '무용가 최승희에 대한 선양사업'을 맡아 추진하 기로 했다.

이에 따라 나는 준비위원장 명의로 2006년 6월 28일부터 2일간 홍천군 대명 비발디 파크에서 '최승희 춤과 아시아 문화발전 포럼'을 개최했다.

이 포럼은 홍천군과 GTB강원민방이 공동 주최하고 한국예술발전협의회(회장:김태원)와 한국예술평론가협의회(회장:김종만)가 주관했다.

첫날은 '포럼 선포식' 및 한국무용단의 홍경희, 윤수미의 축하공연에 이어 '최승희 무용 예술 유산과 한국문화의 발전' 주제로 이태주 함광복 김태원 이숙재 박만일의 발제 강연을, 둘째 날은 '최승희를 통해 본 우리 춤 예술의 발전'을 주제로 정순영 한경자 백현순 김진묵의 발제 강연을 듣고 토론하는 세미나를 열었다.

이어 10월 20일에는 홍천 종합문화복지관에서 (사)무용가최승희 기념사업회 창립총회를 개최했다.

노승철 홍천군수를 조직위원장으로, 김백봉 육완순 배동운(전 강원예총 회장) 세분을 고문으로, 내가 이사 겸 집행위원장을, 함광복을 부위원장으로 하고 이태주 유옥재 윤덕경 전상국 최지순 등을 이사로, 박금자를 광주 및 전남지회장, 최은희를 부산과 전남지회장으로, 한경자를 강원지회장으로, 김휘광을 사무국장으로 하는 기념사업회를 출범시켰다. 그 후 2008년 1월 3일 문화체육부의 법인설립 허가를 받았다.

기념사업회가 출범하면서 2006년 11월 15일부터 11월 18일까지 홍천문화예술회관에서 '창조'를 주제로 제1회 최승희 춤 축제를 개최하였다.

인천·대구 시립무용단, 강원도립무용단, 유옥재무용단과 재일본 최승희 무용연구원 무용단원들이 참여했다.

2007년 제2회 최승희 춤 축제는 '화해와 공존으로'라는 주제로 10월 26일부터 10월 29일까지 홍천 문화예술회관, 홍천 문화복지관, 홍천 종합체육관 등에서 개최하였고, 축제에 앞서 26일에는 '최승희의 삶과 예술'을 주제로 학술세미나를 개최하였다.

무용 축제에는 김백봉 선생님과 두 딸 '최승희 춤 연구회' 회장인 안병주 안병헌이 참여했고, 일본에서 최승희와 함께 수학한 이시히 미도리, 최승희의 1대 제자인 중국의 허명원 김예화, 탈북무용가 김영순 등을 초청함으로써 '춤 축제의 국제화'를 시도했다.

2008년 제3회 춤 축제는 '실험과 창조'를 주제로 10월 23일부터 10월 26일까지 개최되었고 미국에서 더그 바롱(Doug Varone) 현대무용단을 특별히 초청, 공연하였고 처음으로 홍천종합체육관을 주공연장으로 활용, 바닥을 관객석과 수평이 되도록 특설무대를 조성함으로써 관람 효과를 극대화했다.

2009년 제4회 춤 축제도 '벽을 허물다-상상과 자유'라는 주제로 10월 22일부터 25일까지 개최되었는데 나는 해외 출장으로 참가하지 못했다.

그 후 11월 4일 오후 2시 국립중앙박물관 소강당에서 '다시 최승희를 말하다'라는 주제로 국제학술회의를 개최하였다.

이애순 중국 연변대학교 예술연구소장의 '최승희와 동양무용', 고오노 에이지 평론가가 '일본인들이 본 최승희' 그리고 최해라 교수의 '한국에서의 최승희 춤 연구, 어디까지 왔나'의 발제 발표가 있고 난 뒤 토론과정에 '광복회' 노인회원들이 회의장에 몰려와서 "좌익 무용수를 왜 선양하느냐"고 집단 항의하는 사태가 발생했다.

그 노인 회원들이 허필홍 홍천군수를 찾아가서 다시 항의하면서 홍천군에서는 2010년도 최승희 지원사업예산을 전액 삭감하면서 최승희 춤 축제는 중단되었고 그 이후 '무용가 최승희기념사업회'도 유명무실해졌다.

회고전 31

원곡 김기승 선생님과
서예 배우기

| 1964년 제13회 국전 입선

어려서부터 '붓글씨' 쓰기를 좋아했다. 나름대로 꽤 잘 쓰는 편이
기도 했다.

제사가 많았고 어려서부터 증조할아버지. 증조할머니와 할아버지
할머니 제사 때 '지방'과 '축문'을 써왔기 때문에 익숙해진 탓이기도
했다. 그러다 보니 자연스럽게 한문(漢文)책을 탐독하기 시작했다.

부산 피난생활을 끝내고 서울로 환도한 고등학교 1학년부터 틈틈
이 한문책을 사서 읽었다.

채근담, 법구경, 고문진보, 논어, 맹자, 등 고전들을 사서 보았고,
특히 한시를 좋아해서 이백(李白), 두보(杜甫), 왕유(王維), 백거이(白
居易), 이상은(李商隱) 등 당나라 시인들의 시집을 사서 보면서 적어
도 4, 50수는 외었었다.

도연명의 귀거래사나 전·후 적벽부를 좋아했고 특히 『장자』(莊子)

▶ 제6회 원곡 서숙전. 앞 둘째줄 왼쪽부터 다섯 번째 원곡 선생님, 이동용 서예가, 여덟 번째 저자.(1969년 4월)

와 『두시언해』(杜詩諺解)를 탐독했다.

　지금은 거의 다 잊어버렸지만, 그 당시에도 그 내면에 담긴 심오한 뜻과 철학은 간과한 채 '주마간산' 격으로 읽었었던 것 같았다.

　대학 진학도 국어국문학과를 지원하고자 했지만 '관료 지향적'이셨던 선친의 강요에 따라 법학을 전공하게 되었다.

　1961년 공보부에 들어갔고 집은 청량리에 있었다.

　매일 전차 또는 버스로 세종로에서 하차한 후 지금의 세종문화회관과 정부종합청사 뒷길로 중앙청 구내에 있던 공보부 청사로 출퇴근했다.

　1962년 늘 지나다니던 적선동의 한옥에 여학생들이 많이 드나들

▶ 덕란서예전(세종) 앞쪽 왼쪽부터 네 번째 원곡 선생님, 다섯 번째 저자. 윗줄 오른쪽 첫번 째, 무림 김영기.
(1990년 6월 9일)

었다.

서예가 원곡(原谷) 김기승(金基昇) 선생님의 서숙(書塾)이었다.

나는 선생님을 찾아 인사드린 후 제자가 되기를 청했다.

그로부터 매주 토요일 오후, 퇴근길에 서숙에 들려 서예를 배우기 시작했다. 여고생들이 많았고, 중년 부인들도 적지 않았다.

2년이 지난 1994년, 왕휘지(王徽之)의 『행서법첩』(行書法帖) 중 집 자성교서(集字聖敎序)의 일부를 써(臨書)서 당시 문교부가 주관했던 제13회 국전에서 입선하였고, 『송고승전』(宋高僧傳) 제2권 역경(譯 經)의 한 구절을 해서(楷書)로 써서 당시 공보부가 주관한 신인예술 상에 입선하기도 했다.

그 후 원곡 선생님께서 거의 매년 개최한 '원곡서숙전', 후에는 '덕란서회'(德蘭書會) 전시회에 빠짐없이 작품을 출품했었지만, 점차 공무에 바빠지면서 한때 미쳐 있었던 서예를 중단하게 되었다.

　　제자 중 원로서예가였던 이동용(李東鎔), 해청(海淸) 손경식(孫敬植)은 선배에, 무림(霧林) 김영기(金永基)는 후배에 속한다.

　　계속해서 서예의 길에 정진했었더라면 지금은 원로서예가의 반열에 오르지 않았을까 생각된다.

▶ 제13회 국전에 입선한 작품(왼쪽), 신인예술상에 입선한 작품(오른쪽, 1964년)

회고전 32

두주불사(斗酒不辭)

| 소주를 물처럼 마셔 하나둘씩 쓰러지고, 마지막에 남은 내가 '주당 당수'가

두주불사(斗酒不辭)는 '한 말의 술도 사양하지 않는다'라는 뜻이다. 내가 그랬다.

2007년 10월 9일 역삼동 LG아트센터에서 '해어화(解語花)' 공연이 있었다. 해어화는 기생의 옛말이다. 전통 공연 내용을 현대적으로 재해석하여 뮤지컬로 만든 공연이다. 공연이 끝난 후 전통무용가 및 연출가이면서 소리꾼인 진옥섭 씨를 만나 한 달 후 저녁을 함께하기로 약속했다.

필동 한국의집에서 다시 만난 그는 수주 변영로(1897~1961) 선생의 『명정 40년』을 선물하면서 『김동호의 명정 40년』을 집필해달라고 부탁했다. 『명정 40년』은 거의 주선에 가까웠던 문인 변영로 선생의 술에 관한 일화를 수필로 쓴 책이다. '술꾼'인 내 이야기를 책으로 출판해 달라는 요청이었다.

| 국내외에서 주당(酒黨)'으로 알려지기 시작

2010년 10월 제15회 부산국제영화제를 떠날 때 많은 신문 방송에서는 '술로 영화제를 성공시켰다.' 또는 '술로 세계영화제를 제패했다'라는 기사들을 실었다.

영화잡지 「씨네 21」(772호, 2010. 9.28~10.5)은 표지사진과 함께 나에 관한 특집을 마련했다. 각계 인사들의 인터뷰에서 일본의 영화감독이며 배우인 기타노 다케시는 "김동호 위원장과 1년분의 술을 밤새워 마셨던 것은 평생 잊을 수가 없다."라고 술회했고, 중국의 왕가위 감독은 "그는 술에 굉장히 강한 사람"이라고 전제하고, "그와 부산에서 술을 마신 일이 있는데 그는 술의 영향을 거의 받지 않는다"라고 언급했다.

이처럼 나는 국내외에 '주당(酒黨)'으로 알려져 있다.

또 '타이거클럽'이 있다.

2002년 2월 초 로테르담영화제에서 결성된 이 클럽은 국제적인 '술친구'들의 모임이다. 칸영화제 집행위

▶ 영화잡지 「씨네 21」(772호)에 실린 표지사진과 함께 나에 관한 특집이 실렸다.

원장인 티에리 프리모, 대만의 세계적인 감독 허우 샤오시엔, 당시 로테르담영화제의 집행위원장이었고 지금은 아파챠풍 위라시타콘 태국 감독의 프로듀서 역할을 맡은 영국의 사이먼 필드, 2020년 타계한 네덜란드의 영화평론가 피터 반 뷰런과 내가 그 구성원이다.

영화 인생 38년, 나는 100개도 넘는 영화제를 다녔다.

프랑스 도빌영화제(지금은 없어졌지만)에 가면 칼바도스를, 체코의 카를로비바리영화제에서는 베체로브카를, 멕시코의 과달라하라 영화제에서 테킬라를, 러시아 소치영화제에 가서는 보드카로 대작했다. 대만에 가면 58도의 금문도 고량주를 찾는다. 모두 그 지방의 명주(名酒)들이다.

이탈리아 우디네의 극동영화제가 있다. 밀라노 북쪽, 작고 아름다운 도시 우디네는 백포도주로 유명하다. 2003년 처음 이곳을 찾았을 때 영화제 창설자인 사브리나 바라체티는 가족과 같은 친화적인 분위기로 영화제를 이끌고 있었다.

바로 그 전해에 이곳을 방문한 배우 고 강수연이 '술'로 영화제 스태프와 게스트들을 '눕혀 놓았다'라고 전설처럼 전해졌다. 내가 그해 강수연의 뒤를 이었다. 나는 도수가 약한 와인보다는 43~55도에 달하는 이 고장의 명주 '그라빠'(Grappa)를 좋아했다. 그라빠는 '포도백'을 증류한 브랜디이다. 그 후 3년을 연달아 우디네를 찾았고, 술을 끊은 2006년 이후에도 2013년까지 여섯 번을 더 방문했었다.

| 세 살 때부터 술을 마셔 술에 대한 내성이 생긴듯

나는 어려서부터 술을 좋아했던 것 같았다.

선친께서 술을 많이 해서 내가 세 살 때 할머니와 어머니께서 "커서 못 마시게 술을 강제로 먹었:는 이야기가 전해 온다. 세 살 때부터 술을 마신 셈이니 술에 대한 내성이 어려서부터 생겼던 것 같았다.

8·15광복 직전 초등학교 1학년 때 우리 가족은 고향인 강원도 홍

천군 남면으로 잠시 이주했었다. 나는 학교에 갔다 돌아오면 방에 있는 술 항아리에 있는 '술과 술지게미'를 떠서 먹고는 다시 나가 놀았다. 너무 맛이 있었다.

6·25전쟁이 끝나고 고등학교 1학년 때 서울로 환도했다.

청량리에 살던 친구들이 세종로 세종문화회관 자리에 있었던 경기고등학교 '천막교사'로 통학했다. 학교에 갈 때는 각자 전차로 갔지만, 학교가 끝나면 함께 걸어서 청량리로 왔다. 고건 길송학 김석 박노은 윤영원 정의환 조내벽 조정형 최동문 탁상범 형진한이 청량리 친구들이었다. 우리는 큰 길가에 있던 정의환의 집이나 고건 집에 자주 모여 늦도록 술을 마시며 놀았다. 고건과 내가 술을 잘 마시는 축에 들었다. 정의환은 해외로 이주한 후 1992년에 가장 먼저 우리 곁을 떠났고, 그 후 많은 친구가 이민을 갔거나 타계했다. 지금은 고건 김석 형진한과 내가 '청우회(淸友會) 멤버로 남아 매달 모이고 있다.

대학 졸업 후 1961년 공보부 근무 시절에도 술을 자주 마셨다.

1967년 5월 사무관 임용을 앞두고 조사국 국내과에 근무할 때이다. 직원이 40여 명이 되는 대과(大課)에 김치곤 이해명 양정석 함규빈 등 고참주사들이 진을 치고 있었고, 손석주 과장이 '대과'를 이끌고 있었다.

어느 날 진관사 입구의 계곡으로 야유회를 갔다. 직원들은 국장과 과장이 도착하기 전에 술판을 벌였고, 주당 '당수'(黨首) 선출 대회를 가졌다. 삼학소주를 물처럼 마셔댔다. 하나둘씩 쓰러지기 시작했고, 마지막에 남은 내가 '주당 당수'가 되었다. 도중에 도착한 국장·과장

> 배우 고 강수연이 '술'로 영화제 스태프와
> 게스트들을 '눕혀 놓았다'라고 전설처럼 전해
> 졌다. 내가 그해 강수연의 뒤를 이었다. 나는
> 도수가 약한 와인보다는 43~55도에 달하는
> 이 고장의 명주 '그라빠'(Grappa)를 좋아했다.

은 우리를 피해 집으로 되돌아갔고, 야유회는 엉망이 되고 말았다. 끝까지 잔류한 몇 명은 피신한 과장 집으로 몰려가 술상을 내어오게 한 후 2, 3차를 거듭했다.

┃ 소주 100잔, 150잔을 마셨던 일화가 전설처럼…

2년간의 문화공보부 근무를 마칠 때 직원들은 "내가 죽으면 해부를 해서 간을 국립과학수사연구소에 보내자"라고 농담하기도 했다.

영화진흥공사로 자리를 옮긴 후 남양주촬영소 건립을 추진할 당시 남양주시 조안면 주민들의 동의를 받기 위해 마을회관에서 건립 계획을 설명한 후 저녁을 샀다. 100명의 주민을 상대로 소주 한 잔씩을 주고받으면서 100잔의 소주를 마셨던 일화가 지금도 전설처럼 회자되고 있다.

또한 부산국제영화제를 창설한 후 개막식과 폐막식이 끝나면 파라다이스호텔 뒤편 바닷가에 일렬로 들어섰던 포장마차를 순회하면서 새벽 3시까지 국내외 영화인들과 술잔을 주고받으면서 거의 150잔을 마셨던 일도 기억에 생생하다.

이처럼 주당의 대표 격이었던 나는 2005년 제10회 영화제가 끝난 후 2006년 1월 1일 우리 나이로 70세를 맞이하면서 술을 완전히 끊었다. 그 후 지금까지 맥주든 막걸리든 일체의 ''알코올'은 입에 대지 않고 있다.

　나는 밖에서는 술을 많이. 더러는 밤새워 마셨어도 집에서는 단 한 잔도 입에 대지 않았다. 집에서 반주조차 해 본 일이 없었고, 밖에서 '혼술'을 한 일이 없다. 어쩌면 술을 마시고 싶어서 마셨던 것이 아니고 상대가 있어야 마시는 '분위기 술꾼'이었던 것 같았다. 그래서 하루아침에 술을 끊을 수 있었던 것 같다.

　주변에서 술을 함께 마셨던 친구들이 한둘 내 곁을 떠나는 것을 보면서 그때 술을 끊기 참 잘했다고 하는 생각도 든다.

영화감독으로 데뷔, 〈주리〉

"재밌는 영화 만들자" 강수연 · 안성기 캐스팅, 메가폰 잡아

나는 30년의 공직 생활에 이어 36년의 영화 인생을 살고 있다. 후회 없는 삶이라고 자부한다.

영화진흥공사에서 4년간 영화계와 동화(同化)했고, 부산국제영화제를 창설해 15년을 집행위원장으로, 6년을 명예집행위원장으로, 다시 2년을 이사장으로 전 세계를 누비고 다녔다. 심사위원을 50여 차례나 맡으면서 지금도 돌아다니고 있다.

법학을 전공했음에도 중앙대 첨단영상대학원 연구교수(2000~2005)로 석·박사과정 제자들과 영화정책에 관한 세 권의 책을 저술했다. 그리고 2012년 단국대 영화콘텐츠전문대학원을 창설해 대학원장으로 5년간 재직했다. 특히 주식회사 타이거시네마를 세워 롯데엔터테인먼트에서 4년간 매년 4억원의 협찬을 받아 영화콘텐츠전문대학원 학생들의 장편 졸업영화 제작을 지원했으니 영화제작자(프로듀서) 경험도 축적했다. 2015년 11월 제9회 아시아태평양영화상 심사위원장을 맡았을 때 카탈로그에 '배우, 감독, 프로듀서와 부산국제영화제 창설자'로 소개됐다.

75세였던 2012년 단편이지만 영화감독으로 데뷔했다. 2011년 말 안성기 아시아나 국제단편영화제(2021년부터 광화문 국제단편영화제로 바뀜) 집행위원장으로부터 다음 해 개최되는 제10회 영화제의 개막작으로 '영화심사 과정을 담은' 영화를 연출해 달라는 부탁을 받았다. 개막작이라고 해서 부담을 느꼈지만, 국제영화제 심사위원을 여러 차례 지낸 경험을 녹여 만든다면 가능할 것 같아 수락했다.

▌임권택 "전 세계 영화제 휘젓고 다니더니…"

발단은 제9회 아시아나 국제단편영화제(2011년 11월 2~7일)였다. 심사과정에서 심사위원인 배창호 감독과 장률 감독 사이에 의견이 충돌했는데 영화제가 끝난 뒤 평가회의에서 '심사과정'을 영화로 만들면 좋겠다는 의견이 나왔다고 한다. 시나리오는 장률 감독이 쓰되 연출은 나에게 맡기자는데 의견이 모아졌다고 했다.

2012년 1월 16일 아시아나 국제단편영화제(ASIFF) 개막작 제작을 위한 제1차 회의가 광화문의 ASIFF영화제 사무실에서 열렸다. 집행위원장인 안성기, 집행위원인 김용연 금호아시아나문화재단 부사장과 이춘연 시네2000 대표, 홍효숙 부산국제영화제 프로그래머, 정범 AIFF 사무국장과 이주연 프로그래머 그리고 연출을 맡은 내가 참석해 가칭 〈결정〉(최종적으로 〈주리〉로 결정) 제작회의가 열렸다. 장률 감독의 시나리오와 함께 예산안, 제작진과 출연진 등을 검토하

▶ 2012년 단편 〈주리〉로 영화감독으로 데뷔했다. 〈주리〉를 모니터링 하고 있는 저자(가운데)-위 /
〈주리〉의 한 장면. 오른쪽부터 강수연, 토미야마, 박희본, 정인기, 토니 레인스-아래 (© 정상진)

면서 본격적인 준비에 들어갔다.

총괄 프로듀서에 제2회부터 부산국제영화제에서 14년간 함께 일해 온 홍효숙 프로그래머, 조감독으로는 〈여고괴담 2〉로 데뷔하고 탕웨이(湯唯) 주연의 〈만추〉를 연출한 김태용 감독을 선임했다.

▶ 영화 〈주리〉의 마지막 장면. (ⓒ 정상진)

장률 감독의 시나리오는 작품성 위주로 썼기에 좀 어려웠다. 나는 작품성보다는 '재미있는' 영화를 만들고 싶어 비교적 젊은 윤성호 감독에게 각색을 부탁한 뒤 토론을 거쳐 새 시나리오를 완성했다.

영화는 다섯 명의 국제영화제 심사위원들이 두 편의 영화를 대상으로 심사하는 과정에서 벌어지는 '논쟁과 격렬한 몸싸움'을 담았다.

나는 각본에 적합한 배우를 선정하기 위해 고심한 결과 강성 심사위원으로 강수연 배우를, 이에 맞서는 젊은 감독 역할에 정인기 배우를, 두 심사위원 틈에서 쉽게 판단을 못 내리는 '우유부단한' 심사위원장 역할에 안성기 배우를 각각 캐스팅했다. 영어를 잘 못 해 고심하는 심사위원 역할은 평소 잘 알고 지낸 일본의 독립영화전용관 이미지포럼의 토미야마 가쓰에 사장에게, 또 한 사람의 외국심사위원 역할은 오랜 친구인 영국의 영화평론가 토니 레인스에게 각각 부탁해 승낙을 받았다.

배우 박희본이 심사위원 담당 프로그래머로, 박정범 감독과 배우 이채은을 영화 속의 감독으로, 양익준 감독은 영화 속의 배우로 캐스팅했고, 엣나인영화사의 주희 이사, 배우 김꽃비를 사회자와 질문자로 정했다. 마침 후반작업을 위해 서울에 온 이란의 거장 감독 모흐센 마흐말바프 부부와 임권택 감독 부부, 연극배우 손숙이 특별 출연했다.

〈박하사탕〉, 〈살인의 추억〉 등을 찍은 김형구 감독에게 촬영을 부탁했고, 조명은 정영민 기사에게 의뢰했다. 편집은 〈실미도〉의 강우석 감독과 고임표 기사가, 음악은 '라디오 스타'의 방준석이 각각 맡았다. 대작 장편영화에 못지않은 화려한 출연 및 제작진이 꾸려졌고 모두가 '재능기부'로 제작에 흔쾌히 참여했다.

7월 8일 모든 스태프와 배우가 광화문 금호아시아나 본관에서 최종 점검을 했다. 7월 9일부터 사흘간 광화문에 있던 인디스페이스극장과 평창동의 크리스천 아카데미, 덕수궁 돌담길, 경희궁에서 촬영을 마쳤다. 나는 배우들에게 대본에 얽매이지 않고 자연스럽게 말하도록 부탁하고 가능한 한 본인들의 원래 성격이 그대로 표출되도록 유도했다.

▶ 영화 〈주리〉 포스터. (ⓒ 정상진)

▶ 〈주리〉 촬영 후 배우, 스태프들과 함께. 앞줄 왼쪽 네번 째가 저자. (ⓒ 정상진)

그 후 편집, 기술시사 등을 거친 뒤 11월 1일 '제10회 아시아나국제단편영화제' 개막식에서 상영했다. 다행스럽게도 반응이 좋아 마음이 놓였다.

영화 〈주리〉는 그 뒤 12월 1일 개막한 서울독립영화제에서 상영됐으며, 이듬해인 2013년 제63회 베를린영화제(2월 7~17일) 파노라마 부문에 공식 초청됐다. 나는 '영화제 집행위원장이 아닌 감독'으로서 무대에 올라 관객의 질문 공세를 받았다. 그 뒤 영화감독으로서 삿포로 국제단편영화제를 비롯하여 많은 영화제에 초청받았다.

▶ 저자가 배우로 출연한 영화 〈정사〉 속 한 장면. 왼쪽부터 배우 이영란, 저자, 송영팡.

┃ 거장 영화에 등장, 잊을 수 없는 추억·행운

그해 10월에 열린 제18회 부산국제영화제(2013년 10월 3~12일)에선 모흐센 마프말바프 감독이 제작한 나에 관한 다큐멘터리영화와 함께 〈주리〉가 상영됐고, 관객과의 대화가 진행됐다. 500석을 꽉 메운 극장에서 영화 상영이 끝난 뒤 관객과의 대화가 시작되자 객석에 있던 임권택 감독이 맨 먼저 손을 들었다. "전 세계 영화제를 휘젓고 다니더니 영화 찍는 것이 쉬운 줄 알고 덤벼들었느냐"고 문자 폭소가 터졌다. 나는 즉석에서 "1989년 이후 20여 년간 임 감독을 졸졸 따라다니면서 100편이나 영화를 찍는 것을 보고 아무나 쉽게 영화를 만드는 줄 알고 연출했는데 찍어보니 역시 임 감독께서 고수였음을 알게 됐다"라고 응답해 폭소가 터졌다.

　나는 '배우'로서도 몇 편의 영화에 출연했다. 1998년 5월 말, 영화사의 오정완 대표가 촬영 중인 영화 〈정사〉에 출연해 달라는 제안을 했다. 이재용 감독이 연출하고 이미숙 이정재가 주연인 영화였다. 호기심이 발동해 지자체장 선거일인 6월 4일 청담동으로 가서 건축회사 회장 역할로 배우 이영란 송영창과 함께 대사 있는 단역으로 촬영했다. 영화는 그해 10월 3일 개봉됐다.

　2004년 초 프랑스의 클레어 드니 감독으로부터 영화 〈개입자(Intruder)〉 촬영차 부산에 오는데 출연해 달라는 공문을 받았다. 클레어 드니 감독은 2002년 제7회 부산국제영화제 심사위원으로 참석한 뒤 부산에 매료돼 다음 영화의 일부를 부산에서 찍겠다고 약속하고 귀국했는데 2004년 3월 이를 지켰다. 아들에게 배를 선물하기 위해 조선회사를 방문한 스위스 갑부에게 주문한 배를 인도하는 조선회사 사장 역할을 맡았다. 이 영화는 그해 9월 베니스영화제 경쟁부문에서 상영돼 나는 한동안 해외영화인들로부터 '배우'란 애칭으로 불렸다.

　그 뒤 장률 감독의 영화 〈이리〉에선 이리역 폭발사고 30년 뒤 옛

애인을 찾아가 만나는 노신사 역을 맡았다. 임권택 감독의 〈달빛 길어 올리기〉에선 한지 복원에 열중하는 7급 공무원 박중훈에겐 일본 제지업계의 관행을, 제지업자였던 아버지의 행적을 추적하는 예지원에겐 선친의 행적을 각각 들려주는 '은퇴한 제지업자' 역을 맡았다. 단역이지만 거장과 중진 감독들의 영화에 등장한 것은 잊을 수 없는 추억이고 행운이었다.

이처럼 '영화제'와 함께 영화 행정가, 교육자, 제작자는 물론 감독과 배우까지 해 본 것은 내재하고 있는 '도전' 의식 때문이 아니었을까 생각한다. 이제 80대 후반을 넘어선 지금 또 무엇에 도전하게 될지는 두고 볼 일이다.

칸영화제와 영화 〈영화 청년, 동호〉

| 나에 관한 다큐, 칸에 공식 초청

올해 5월(5.14~5.24)에 열린 제77회 칸영화제에 나에 관한 다큐멘터리 〈영화 청년 동호〉(Walking in the movies)가 '칸 클래식' 부문에 공식 초청되었다.

칸 클래식 부문은 주로 복원한 영화를 초청하기 위해 신설된 부문으로 한국영화로는 〈연산군〉(신상옥), 〈하녀〉(김기영) 등이 초청된 적이 있었다.

그러다가 몇 년 전부터 세계영화사에 이름을 남긴 영화인들을 조명하는 다큐멘터리영화들이 초청되고 있다.

올해에는 엘리자베스 테일러에 관한 영화와 전후 프랑스의 영화 부흥을 이끌었던 프랑수와 트뤼포에 관한 다큐멘터리, 그리고 내 영화가 초청되었다.

지난해에는 아카데미 남우주연상과 2023년 칸에서 '명예황금종려상'을 받은 할리우드 배우 마이클 더글러스와 2019년에 타계한 벨기에 출신 프랑스의 여성감독 아녜스 바르다(2015년 명예황금종려상 수상)의 다큐멘터리가 소개되었고, 한국인을 소개한 영화로는 이번에 내 영화가 처음이었다.

5월 16일 나는 칸영화제에서 김량 감독과 함께 레드카펫을 밟고 이어서 부루넬 극장의 무대에 올랐다.

칸 클래식의 책임자가 무대에서 감독을 소개하는 관례를 깨고 티에리 프리모 집행위원장이 무대에서 감독과 나를 소개했다. 이어서 등단한 감량 감독과 내가 마이크를 잡았다.

나는 티에리 프리모가 "한 관리가 어떻게 영화와 사랑에 빠졌는지를 보여주는 영화"라고 소개한 말과 바로 작년에 이곳에서 상영되었던 빔 벤더스 감독이 영화감독들을 모아놓고 '영화가 존속할 것인가, 아니면 사라질 것인가'라는 주제로 열띤 논쟁을 벌였던 다큐멘터리 영화 〈룸 999〉를 상기하면서 짧게 영어로 말했다.

"나는 지난 24년간 이곳에 영화제 집행위원장으로 또는 게스트로 참가했지만, 이번에는 배우로 왔다. 이처럼 90이 가까운 '올드보이'로 이 자리에 선 것은 믿을 수가 없고 마치 꿈을 꾸고 있는 것 같다. 인생은 꿈이고 영화도 꿈이라고 생각한다. 인생은 짧고 영화는 길다. 영화는 결코 죽지 않는다. 영화가 존재하는 한, 그리고 내가 살아 있는 한 나는 영화를 사랑할 것이다. 나는 칸을 사랑한다. 이 자리에 계신 여러분을 사랑한다. 티에리(집행위원장), 크리스티안(부위원장), 제럴드(칸 클래식 책임자)에게 감사드린다." 한 문장, 한 문장 말할 때마다 박수와 폭소가 터졌다.

▶ '주목할 만한' 부문 심사위원.(2010년 10월 15일)

이어서 90분간 〈영화 청년, 동호〉가 상영되었다.

영화를 보고 있는데 새삼 감회가 새로워 나도 모르게 눈물이 흘렀다. 자막이 올라가고 불이 켜지면서 장내를 가득 메운 관객이 일제히 일어나 '기립박수'를 보냈다. 순간 당황했고 감격했다. 두 손으로 답례했고 김량 감독에게 악수했다. 이렇게 해서 나는 칸영화제 25년 만에 또 하나의 새로운 역사를 기록했다.

｜ 부산 출신 김량 여성 감독으로부터의 다큐 제안

2023년 2월 프랑스에 거주하는 김량 감독이 장문의 문자를 보내어왔다. 나에 관한 다큐멘터리영화를 찍고 싶다는 내용이었다.

김량 감독은 부산국제영화제를 맡고 있었던 2000년대 초반, 프랑

▶ 올해 칸영화제에 공식 초청, 상영된 다큐멘터리 영화 〈영화 청년, 동호〉가 끝나고 관객들로 부터 뜨거운 찬사를 받았다.(2024년 5월 16일)

스 파리에서, 그 이후 서울에서 몇 차례 만났던 부산 출신의 여성 다큐멘터리 감독이다.

〈경계에서 꿈꾸는 집〉(2013), 〈영원한 거주자〉(2015), 〈바다로 가자〉(2020) 등 세 편의 다큐멘터리를 제작한 바 있다.

거의 비슷한 시기에 부산 국제신문사의 배재한 사장이 경기도 광주의 집으로 찾아와서 국제신문사에서 나에 관한 다큐멘터리영화를 제작하겠다고 허락을 구했다. 나는 나에 관한 영화가 "흥행이 되거나 신문사의 경영에 결코 도움이 될 수 없을 텐데 왜 제작하려느냐?"라고 반문했지만 배 사장은 이미 '청년들의 이탈 부산 현상'을 담은 〈청년 졸업 에세이〉(2020), '부마항쟁'을 담은 〈10월의 이름들〉(2021)과 프로야구 '롯데 자이언츠' 40년사를 담은 〈죽어도 자이

▶ 칸영화제에서 제작한 포스터 앞에서 김량 감독과
저자.(2024년 5월 16일)

언츠〉(2022) 세 편을 제작했는데 모두 성공했다고 하면서 제작하기를 원했다.

누가 먼저 제안했고, 서로 합의가 이루어졌었는지는 알 수는 없지만, 결국 국제신문사가 제작하고 김량 감독이 연출하는 '영화' 제작이 이루어졌다.

감독 김량, 조감독 박윤주, 촬영감독 정성욱, 촬영보 이준우, 프로듀서 김진철, 편집 차시영 등 제작팀이 꾸려지고 2월부터 본격적인 촬영에 들어갔다.

영화의전당, 과천 국립현대미술관, 동구릉과 남양주의 종합촬영소, 부산의 영화의전당 등 내가 조성한 문화시설의 현장과 부산국제영화제 창설의 현장인 남포동, 요트경기장을 찾아 회고하는 장면을 담았고 프랑스의 티에리 프리모 칸영화제 집행위원장, 일본의 고에에다 히로가츠 감독과 임권택 이장호 이창동 정지영 신수원 감독, 배우 박정자, 예지원 조인성 등을 찾아 나에 대한 헌사를 담은 인터뷰, 그리고 경기도 광주의 우리 집에서 장시간 인터뷰를 진행했었고, 8월경에 촬영을 끝냈다.

2023년 1월 22일 김량 감독은 몇몇 영화인들을 초청, 이수역 아트나인에서 '기술시사회'를 했다. 참석했던 지인들은 '보충 촬영'과 수정을 요구했지만, 파리로 귀국한 김량 감독은 일부만 수정한 후 영화평론가인 샤를르 테송과 올리비에 페르 두 사람에게 보여주었고, 그들은 바로 티에리 프리모에게 추천함으로써 '칸 클래식' 부문에 공식 초청받게 된 것이다.

▌칸영화제와의 오랜 인연으로⋯

칸영화제와 나는 오랜 인연을 맺고 있다.

1996년 5월, 부산국제영화제의 창설을 주도하면서 처음 칸영화제를 찾은 이후 한해도 거르지 않고 칸을 방문했다.

내가 15년을 집행위원장을 맡고 있다가 부산국제영화제를 떠나던 2010년 5월에는 칸의 공식 초청 분야인 '주목할 만한 시선'(Un Certain Regard)의 심사위원을 맡아 칸영화제의 레드카펫을 밟았다.

클레어 드니 프랑스 여성감독이 심사위원장으로, 나를 포함한 4명의 심사위원으로 참여했던 '주목할 만한 시선' 분야에서 홍상수 감독의 〈하 하 하〉가 대상을 받았다.

그 후 6년간은 부산국제영화제의 명예집행위원장으로 2016년과 2017년은 부산국제영화제의 이사장으로 참여했고, 2018년에는 게스트로, 그리고 2019~2022년의 4년 동안은 '코로나 펜데믹'으로 불참했다. 지난해인 2023년은 프랑스 국립 중앙영화원(CNC)과 한국영화진흥위원회(KOFIC)가 공동으로 설립한 '한불 공동 영화아카데미' 출범식에 자문위원장(ambassador)을 맡아 CNC 초청으로 방문

했었다. 그리고 2024년의 칸영화제는 '영화배우'로 초청받아 가면서
모두 25회에 걸쳐 참석한 셈이다.

특히 2001년에 부임한 티에리 프리모 칸영화제 집행위원장과는
같은 '타이거클럽' 멤버로 '절친'이다.

▶ '배우'로 레드카펫을 밟고 있는 저자.(2024년 5월)

| 김동호 연보

1937년 강원도 홍천 출생
경기고 졸업(1956), 서울대 법대 졸업(1961)
공보부 입부(1961), 문화공보부 문화 · 보도 · 공보 · 국제교류국장(1972~1980)
동 기획관리실장(1980~1988), 영화진흥공사 사장(1988~1992),
초대 예술의전당 사장(1992), 문화부 차관(1992~1993),
부산국제영화제 창설 · 집행위원장(1996~2010) 동 이사장(2016~2017),
대통령직속 문화융성위원장(2012~2017)

국제영화제 심사위원장
로테르담영화제(97), 아시아태평양영화상(2016) 등 17회

심사위원
칸영화제 '주목할 만한 시선'(2010), 몬트리올(2011), 모스크바(2012),
인도 푸네(2023) 등 17회

| 수상
황조근정훈장(1993), 은관문화훈장(2005), 만해문예대상(2023)
프랑스정부 최고훈장 레지옹 도뇌르 슈발리에(2014),
몽블랑문화예술후원자상(2015) 등

| 저서
『김동호의 문화노트』(글마당 앤 아이디얼북스, 2024),
『김동호와 부산국제영화제』(글마당 앤 아이디얼북스, 2024),
『영화, 영화인 그리고 영화제』(문학동네, 2010),
영문판 『MR. KIM Goes to Festival』
공저 『구주 및 유럽의 영화정책』(영화진흥위원회, 2000),
『한국영화상영관의변천과 발전 방향』(문화관광부, 2001),
『한국영화정책사』(나남, 2005)